Fernando Pessoa (1888-1935), der wohl bedeutendste moderne Dichter Portugals, ist auch bei uns mit dem ›Buch der Unruhe‹ plötzlich bekannt geworden. Er gehört zu den großen literarischen Erneuerern, ist nicht nur der Begründer der modernen Dichtung seines Landes, sondern eine der Schlüsselfiguren in der Entwicklung der zeitgenössischen Dichtung überhaupt.
Als Ergänzung zum Werk von Pessoa und als Hinführung zu Pessoa gleichermaßen geeignet ist dieses hochinteressante und informative Lesebuch, das sowohl Texte von als auch über Pessoa bringt: nach einem grundlegenden Einführungsessay des Pessoa-Übersetzers *Georg Rudolf Lind*, einem Abbildungsteil (Fotos und Zeichnungen) und einer kleinen Anthologie aus Pessoas Texten (Gedichten und einigen Auszügen aus dem ›Buch der Unruhe‹) folgt als Kernstück dieses Lesebuchs ein Aufsatz von *Octavio Paz*, in dem u. a. die Heteronyme Pessoas interpretiert werden, dann *Peter Hamms* Aufsatz ›Sieger im Scheitern – Fernando Pessoa und Robert Walser, zwei entfernte Verwandte‹ und eine bestechende Analyse des Gedichts ›Tabakladen‹ durch den Zürcher Romanisten *Georges Güntert*.

*Georg Rudolf Lind* (1926-1991), war Professor für Romanistik in Graz sowie Herausgeber und Übersetzer der Werkausgabe Pessoas.
*Octavio Paz*, geb. 1914 in Mexico, gilt als einer der bedeutendsten Lyriker und Essayisten Lateinamerikas.
*Peter Hamm*, geb. 1937, Kritiker, Lyriker, Essayist, lebt in München. Peter Hamm ist Autor des Fernsehfilms über Pessoa ›Im Labyrinth des Ich‹.
*Georges Güntert*, geb. 1938, ist Professor für Romanistik in Zürich.

Von Fernando Pessoa erschienen im Fischer Taschenbuch Verlag auch: ›Alberto Caeiro. Dichtungen; Ricardo Reis. Oden‹ (Bd. 9132); ›Alvaro de Campos Poesias. Dichtungen‹ (Bd. 10693); ›Ein anarchistischer Bankier‹ (Bd. 10306); ›Das Buch der Unruhe‹ (Bd. 9131); ›Dokumente zur Person und ausgewählte Briefe‹ (Bd. 11147) und Esoterische Gedichte/Mensagem/Englische Gedichte (Bd. 12182).

# Fernando Pessoa
# »Algebra der Geheimnisse«
## Ein Lesebuch

Mit Beiträgen von Georg R. Lind,
Octavio Paz, Peter Hamm
und Georges Güntert
Mit zahlreichen
Abbildungen

Fischer Taschenbuch Verlag

11.–12. Tausend: Januar 1998

Ungekürzte Ausgabe
Veröffentlicht im Fischer Taschenbuch Verlag GmbH,
Frankfurt am Main, Februar 1990
Lizenzausgabe mit freundlicher Genehmigung
der Ammann Verlags AG, Zürich
© Ammann Verlags AG, Zürich 1986
Für den Aufsatz von Octavio Paz:
© Suhrkamp Verlag, Frankfurt/Main, 1980
Gesamtherstellung: Clausen & Bosse, Leck
Printed in Germany
ISBN 3-596-29133-X

# Fernando Pessoa – der vervielfachte Dichter

von Georg Rudolf Lind

Am 30. November 1985 jährte sich zum 50. Mal der Todestag Fernando Pessoas, den Portugal als seinen größten Dichter in unserem Jahrhundert und seinen bedeutendsten Lyriker seit den Tagen des Nationaldichters Camoens betrachtet. Pessoas sterbliche Hülle wurde inzwischen aus der Familiengruft auf die Ehrenstätte der hervorragenden portugiesischen Schriftsteller im Jerónimos-Kloster in Belém umgebettet. So merkwürdig es erscheinen mag: Der Autor, der heute im Rückblick als für das literarische Leben im Portugal der ersten Jahrhunderthälfte überragend repräsentativ erscheint, war bei Lebzeiten nur einem kleinen Kreis von Kennern und Liebhabern bekannt und hatte ein einziges Buch veröffentlich, das die Spannweite seiner Kunst nur andeutungsweise erkennen läßt. Es war das die nationalistische »Botschaft« (Mensagem); darin verklärt der Dichter die portugiesischen Könige und Seefahrer in den Jahrhunderten der Entdeckungsfahrten und erwartet visionär von der Wiederkehr des im Kampf gegen die Mauren gefallenen Königs Sebastian einen neuen Aufschwung der portugiesischen Kultur. Charakteristisch für den vergeistigten Nationalismus der »Botschaft« ist das Gedicht

Portugiesisches Meer

O salzige Flut, in deinem Salz
strömen die Tränen Portugals!
Um deinetwillen weinten Mütter,
klang Kinderbeten klagebitter,
und manches Brautgemach blieb leer,
auf daß du unser seist, o Meer!

> Und doch – die Müh' ist nicht verloren,
> ist nur die Seele groß geboren.
> Willst du Kap Bojador bezwingen,
> mußt du den Schmerz erst niederringen.
> Gott schloß das Meer mit Abgrundsiegeln
> und ließ es doch den Himmel spiegeln.

Abgesehen von diesem einen Buch, das im staatlichen Wettbewerb des Jahres 1934 einen Preis für kleinformatige Lyrik errang, war Pessoas Werk in vergriffenen Zeitschriften verstreut oder es lag noch unveröffentlicht in den beiden Truhen, die den unscheinbaren Lebensweg des Autors begleiteten. Über ein Dutzend Herausgeber haben sich in den fünf Jahrzehnten nach Pessoas Tod mehr oder minder sorgfältig bemüht, den umfangreichen Nachlaß zu entziffern und zu edieren: die Lyrik, die dramatischen Skizzen, die politischen und soziologischen Schriften und die autobiographisch durchwirkte Moralistik des Hauptwerks in Prosa, des »Buchs der Unruhe«. Als Pessoas Familie den Nachlaß des Dichters an den portugiesischen Staat verkaufte, ergab die Auszählung der Manuskripte die stattliche Anzahl von 27543 Texten. Nicht eingerechnet sind dabei die von unbekannten Liebhabern unauffindbar unterschlagenen Originale der lyrischen Gedichte, deren Fehlen die Herstellung einer kritischen Ausgabe unmöglich macht.

Pessoas Lebenswerk besteht ganz überwiegend aus Fragmenten. Außerhalb der Lyrik hinderten den Dichter unablässig einander jagende und einander überschneidende Projekte an der Vollendung der einzelnen Vorhaben. So erinnert das ganze Werk an die monumentalen, aber gerade wegen ihrer Monumentalität unvollendet gebliebenen manuelinischen Kapellen der Klosterkirche von Batalha, Portugals schönstes gotisches Bauwerk. Zwar hat Pessoa als Lyriker abgeschlossene Gebilde hinterlassen. In allen übrigen Gattungen aber ist sein Werk Fragment geblieben, und das nicht nur in dem oberflächlichen Sinne, in dem man von allem Menschenwerk sagen kann, es bleibe fragmentarisch, sondern buchstäblich, gemessen nämlich an dem, was sich Pessoa selber zu vollbringen vorgenommen hatte. Der Dichter war sich über seine Neigung zum fragmentarischen Ausdruck durchaus im klaren, wie sich aus der folgenden Aufzeichnung im »Buch der Unruhe« ersehen läßt:

»Etwas Vollständiges und Ganzes schaffen, es sei gut oder schlecht – und wenn es auch niemals völlig gut ausfällt, so ist es doch oft nicht gänzlich schlecht – jawohl, etwas Vollständiges schaffen macht mich vielleicht neidischer als irgend etwas anderes ...

Und ich selber, der ich so selbstkritisch bin, daß ich nur Defekte und Mängel wahrnehme, ich, der nur Abschnitte, Brocken, Ausschnitte aus dem Inexistenten zu schreiben wagt, ich selbst bleibe in dem wenigen, das ich zu Papier bringe, ebenfalls unvollkommen ...

Ich werde im Nebel versinken wie ein Fremdling.«

Dieses untertreibende Eingeständnis der Begrenzung auf den fragmentarischen Ausdruck verbindet sich mit dem Bild vom Fremdling. Ein halber Fremdling zumindest ist Pessoa in seinem eigenen Land gewesen. 1888 wurde er in Lissabon im Schoße einer gutbürgerlichen Familie geboren; sein Vater war Ministerialbeamter und betätigte sich nebenberuflich als Musikkritiker. Die Mutter stammte aus einer Offiziers- und Beamtenfamilie. Unter Pessoas Ahnen gab es auch zum Christentum konvertierte Juden, die in der Physis des Dichters, aber auch in seiner metaphysischen Unrast ihre Spuren hinterlassen haben. In früher Jugend verlor er seinen Vater und sah sich durch die zweite Heirat der Mutter nach Durban in Südafrika verschlagen, wo sein Stiefvater portugiesischer Konsul war. In Durban verbrachte er seine gesamte Schulzeit, mit dem Erfolg, daß ihm die Klassiker der englischen Literatur vertrauter wurden als die portugiesischen Schriftsteller und die englische Sprache zur zweiten Muttersprache, zur Umgangssprache mit den Stiefgeschwistern. Auf englisch schrieb er seine Jugendgedichte und zeichnete sie im Namen eines gewissen Alexander Search – Alexander, weil er das Höchste erstrebte, Search, weil er sich noch auf der Suche betrachtete – für Search ließ er auch eigene Visitenkarten drucken. Der gleiche Pessoa, der später von sich gesagt hat: »Mein Vaterland ist die portugiesische Sprache«, schrieb bis zu seinem Tode stets auch englische Gedichte und war beiden kulturellen Traditionen, der englischen wie der portugiesischen, verbunden, ein Glücksfall, dem es wahrscheinlich zu verdanken ist, daß er dem Provinzialismus entging, diesem Erbübel des europäischen Randlandes Portugal.

Als der junge Pessoa siebzehnjährig nach Lissabon zurückkehrte, fand er sein Land in einer tiefen Krise vor. Die Monarchie hatte sich durch ihre Nachgiebigkeit gegenüber den englischen Gebietsansprüchen auf portugiesische Territorien in Afrika unbeliebt gemacht. Die Republikaner drängten auf einen Umsturz hin, der 1910 vonstattenging und ein demokratisches, schroff antiklerikales Regime an die Macht brachte, das sich im Parteienhader verzettelte und auf seiten der Alliierten in den Ersten Weltkrieg hineinziehen ließ. Die einzelnen Regierungen waren so kurzlebig, wie sie es auch heute – nach dem Sturz der Diktatur im Jahre 1974 – wiederum sind, und so kann es nicht überraschen, daß man nach charismatischen Persönlichkeiten Ausschau hielt, die eine Erneuerung Portugals bewerkstelligen könnten. Der erste dieser erhofften starken Männer, der Generalspräsident Sidónio Pais, dem Pessoa hymnische Verse gewidmet hat, fiel 1918 einem Attentat zum Opfer. Der zweite starke Mann, Salazar, entsprach mit seinem von der katholischen Soziallehre inspirierten Gesellschaftsmodell nicht Pessoas eher monarchistisch und nach englischem

Muster liberal orientierten Staatsvorstellungen. Die Spottverse des Dichters auf den asketischen Salazar sind, je länger dieser die Macht verwaltete, desto häufiger hinter vorgehaltener Hand zitiert worden; sie können dennoch die Tatsache nicht verbergen, daß der Dichter in einer gewissen Anknüpfung an Nietzsches Übermenschen charismatische Machtmenschen für sein Land herbeigesehnt hat. In den politisch so unruhigen ersten drei Jahrzehnten unseres Jahrhunderts in Portugal zu leben bedeutete aber zumindest Freiheit von der Zensur. Einen Denkspieler wie Pessoa, der immer wieder provokante Texte veröffentlicht hat, kann man sich unmöglich unter der meinungsgängelnden Salazar-Diktatur vorstellen. Seine Ablehnung der katholischen Kirche, seine Verteidigung der Freimaurer und gesellschaftlicher Außenseiter wie der Homosexuellen hätten ihm unweigerlich Repressalien zugezogen. Aus offiziellen Ämtern freilich hätte man den Dichter nicht – wie manche kritischen Intellektuellen Portugals – verdrängen können; denn er hat solche nie innegehabt. Er arbeitete unabhängig als Handelskorrespondent für verschiedene Lissaboner Firmen und übertrug deren Geschäftspost ins Englische und Französische. Von Armut kann man in seinem Fall wohl nicht reden, wohl aber von einem äußerst bescheidenen Lebensstil in möblierten Zimmern, wie sie der Hilfsbuchhalter Soares im »Buch der Unruhe« skizziert hat. Hat ihn seine ungesicherte Existenz daran gehindert, sich zu verehelichen? Seine Briefe an die einzige Frau, der er sich zeitweilig verbunden gefühlt hat, an Ofélia, sagen nichts darüber aus. Sie erwähnen die ausschließliche Sorge um das eigene Werk als Grund für den Abbruch der Beziehungen. Pessoas dichterische Anfänge stehen noch ganz im Zeichen des Jahrhundertendes, sie reden von Müdigkeit und Dekadenz des Fin-de-siècle. Der Dichter sieht sich selber im Bild eines Königs, der abdankt, weil nur diese Abdankung ihm die innere Freiheit zurückgibt.

Abdankung

Nimm mich in deine Arme, ewige Nacht,
ich bin ein König, nenn mich deinen Sohn,
freiwillig dankt' ich ab von meinem Thron,
der Träume nur und Müdigkeit gebracht.

Mein Schwert, das meinen matten Armen schon
zu schwer ward, hab' ich stärk'rer Hand vermacht.
Zerbrochen ließ ich in dem Vorsaal Kron'
und Zepter liegen, Zeichen meiner Macht.

Ich hinterließ im kalten Treppenhaus
die Sporen, deren Klirren mich betrog,
mein Panzerhemd, das ohne Wert. Ich zog

mein Königtum, den Leib, die Seele, aus
und kehrte heim zur alten, stillen Nacht
wie eine Landschaft, wenn der Tag vollbracht.

Abdanken, auf jegliches Handeln verzichten – das gehört zum Stimmungsbild des ausgehenden 19. Jahrhunderts, ebenso wie die Überzeugung, ein Spätgeborener zu sein, der – nach den Worten von Pessoas Dichtergeschöpf Álvaro de Campos – »nach der Entdeckung des Seewegs nach Indien arbeitslos geworden ist«. Müdigkeit und Überdruß gehen aber auch Hand in Hand mit einem ideologischen Skeptizismus, der die überlieferten Werte – im Gefolge Nietzsches – als abgetan verwirft. Im »Buch der Unruhe« heißt es dazu:

»Ich gehöre zu einer Generation, die den Unglauben an den christlichen Glauben geerbt und in sich den Unglauben gegenüber allen anderen Glaubensüberzeugungen hergestellt hat. Unsere Eltern besaßen noch den Impuls des Glaubens und übertrugen ihn vom Christentum auf andere Formen der Illusion. Einige waren Enthusiasten der sozialen

Gleichheit, andere nur in die Schönheit verliebt, andere glaubten an die Wissenschaft und ihre Vorzüge, und wieder andere gab es, die dem Christentum stärker verbunden blieben und in Orient und Okzident nach religiösen Formen suchten, mit denen sie das ohne diese Formen hohle Bewußtsein, nur noch am Leben zu sein, beschäftigen könnten.

All das haben wir verloren, all diesen Tröstungen gegenüber sind wir als Waisenkinder geboren worden. Jede Zivilisation folgt der inneren Linie einer Religion, die sie repräsentiert: Auf andere Religionen übergehen heißt, diese verlieren und damit letztlich alle verlieren.

Wir haben diese eingebüßt und die anderen ebenfalls ...«

Mit dem Sturz der Monarchie und der Einrichtung der Republik macht sich in Portugal eine Reaktion gegen die Fin-de-Siècle-Müdigkeit bemerkbar. Pessoa liest in der französischen Übersetzung das Buch des österreichischen Psychologen Max Nordau über Dekadenzerscheinungen in der zeitgenössischen Kunst und ist tief betroffen. In Oporto bildet sich um den Dichter Teixeira de Pascoaes ein Kreis von Gleichgesinnten, die Portugals Eigenart in der »saudade«, der schweifenden Sehnsucht, erblicken und daraus eine die portugiesische Kultur regenerierende Bewegung, den Saudosismo, entwickeln möchten. Der junge Pessoa steuert für die Zeitschrift der saudosistischen Bewegung einen programmatischen Aufsatz bei, worin er einigermaßen spitzfindig die Entwicklung der portugiesischen Literatur mit der englischen und französischen vergleicht und zu dem Schluß gelangt, Portugal sei reif für einen neuen »Super-Camoens« und also für eine neue kulturelle Blütezeit. Über diese Selbstprophezeiung konnten die Zeitgenossen nur staunen, weil es keine Symptome gab, die eine so kühne Prognose als berechtigt erscheinen lassen konnten. Pascoaes und seine Freunde witterten denn auch bald in ihrem Lissaboner Mitarbeiter einen ihrer Art fremden Geist, der die pantheistische Naturbeseelung, die Pascoaes aus der »saudade« ableitete, nicht nachvollziehen konnte. Es kam zum Bruch, aber der junge Pessoa fand zum Glück einen gleichgestimmten Freund, den Dichter Mário de Sá-Carneiro, und mit ihm zusammen gründete er im Jahre 1915 die Zeitschrift »Orpheu«, das Sprachrohr des Modernismus in Portugal. Die beiden einzigen Nummern dieser Zeitschrift lösten einen Literaturskandal aus; die ältere Generation würde die jungen Dichter am liebsten ins Irrenhaus gesperrt haben, eine Absicht, die heutigen Lesern recht verwunderlich vorkommt – denn »Orpheu« ist noch in vielen Texten der Spätromantik und dem Symbolismus verbunden und nicht durchwegs so avantgardistisch, wie dies den Zeitgenossen erschien.

Ein Jahr vor dem Erscheinen von »Orpheu«, im Jahre 1914, hatte sich das Ereignis begeben, das Pessoa zu einem Sonderfall unter den europäischen Dichtern machen sollte: die Geburt dreier anderer Dichter, der sogenannten Heteronyme, im Kopfe des Autors. Schon als Kind hatte Pessoa nach eigener Aussage den Drang empfunden, sich Spielgefährten zu erfinden und mit ihnen Briefe zu wechseln. Von seinem englischen Jugendheteronym Alexander Search ist schon die Rede gewesen. Auf der Höhe des Lebens angelangt, schuf sich Pessoa gleich drei andere Dichter mit eigener Kunstanschauung und eigener Biographie. In seinem Todesjahr 1935 hat er diesen Vorgang in einem Brief an den Kritiker Adolfo Casais Monteiro wie folgt erklärt:

»Gegen 1912, wenn ich nicht irre ... kam ich auf den Gedanken, einige Gedichte heidnischer Art zu schreiben. Ich skizzierte einiges in freien Versen ... und gab dann die Sache auf. Gleichwohl war mir in einem schlecht gewobenen Halbschatten ein ungefähres Bild der Person erschienen, die diese Verse schrieb. (Ohne mein Wissen war Ricardo Reis geboren.)

Anderthalb oder zwei Jahre später verfiel ich eines Tages auf den Gedanken, dem Sá-Carneiro einen Streich zu spielen – einen bukolischen Dichter komplizierter Natur zu erfinden und ihm, wie weiß ich nicht mehr, mit einem Anstrich von Wirklichkeit vorzustellen. Ich verbrachte einige Tage damit, diesen Dichter auszuarbeiten, aber es wurde nichts daraus. An dem Tage, an dem ich es endlich aufgegeben hatte – es war der 8. März 1914 –, stellte ich mich an eine hohe Kommode, nahm ein Stück Papier und begann zu schreiben, stehend, wie ich immer wenn irgend möglich schreibe. Ich schrieb über dreißig Gedichte in einem Zuge in einer Art von Ekstase, deren Besonderheit ich nie werde definieren können. Es war der triumphale Tag meines Lebens; einen anderen dieser Art werde ich nicht erleben. Ich begann mit einem Titel: »Der Hüter der Herden«. Und dann erschien jemand in mir, dem ich sogleich den Namen Alberto Caeiro gab. Entschuldigen Sie das Absurde des Satzes: in mir war mein Meister erschienen ...

Als Alberto Caeiro erschienen war, versuchte ich alsbald – instinktiv und unbewußt – Schüler für ihn zu entdecken. Ich entriß den latenten Ricardo Reis seinem falschen Heidentum, entdeckte seinen Namen und paßte ihn sich selber an – denn in diesem Augenblick *sah* ich ihn schon. Und auf einmal stieg vor mir – entgegengesetzter Herkunft zu Ricardo Reis – ein neues Individuum auf. In einem Wurf kam an der Schreibmaschine, ohne Unterbrechung oder Verbesserung, die »Triumph-Ode« Álvaro de Campos' ans Licht – die Ode mit diesem Namen und der Mensch mit diesem Namen.«

So beginnt das »Drama in Leuten«, dessen Sinn und Ziel seither die Federn zahlreicher Kritiker in Bewegung gesetzt hat, Pessoas ausgeklügeltes Spiel mit seinen eigenen poetischen Möglichkeiten, die gleichzeitig die künstlerischen Möglichkeiten seiner Epoche darstellten. Genußvoll hat der

Autor seine künstlerischen Absichten mit anekdotischem Beiwerk verbrämt. So heißt es in dem erwähnten Brief an Casais Monteiro:

»Alberto Caeiro wurde 1889 geboren und starb 1915; er kam in Lissabon zur Welt, hat aber fast sein ganzes Leben auf dem Lande zugebracht. Er hatte keinen Beruf und keine nennenswerte Bildung.« Im 18. Gedicht des »Hüters der Herden« bemerkt man unschwer den antiromantischen Akzent, die Wendung gegen eine allbeseelende Naturlyrik im Stil von Teixeira de Pascoaes:

Ich las heute fast zwei Seiten
im Buch eines mystischen Dichters
und lachte wie einer, der viel geweint hat.

Die mystischen Dichter sind kranke Denker,
und die Denker sind Narren.

Denn die mystischen Dichter sagen, die Blumen fühlen
und sagen: es haben die Steine Seelen
und die Flüsse Ekstasen im Mondschein.

Aber die Blumen, fühlten sie, wären nicht Blumen,
sie wären Menschen
und die Steine, hätten sie Seelen, wären Wesen und nicht Steine;
und hätten die Flüsse Ekstasen im Mondschein,
wären sie kranke Menschen.

Der weiß nicht, was Blumen und Steine und Flüsse sind,
der von ihren Gefühlen redet.

Von der Seele der Steine, der Blumen, der Flüsse reden,
heißt von sich selbst und seinen falschen Gedanken reden.
Gott sei Dank, daß die Steine nur Steine sind
und die Flüsse nur Flüsse
und die Blumen nichts andres als Blumen.

> Ich meinerseits schreibe die Prosa meiner Verse
> und werde zufrieden,
> weil ich weiß, ich begreife die Natur von außen;
> und ich verstehe sie nicht von innen,
> weil die Natur kein Innen kennt;
> sonst wäre sie nicht die Natur.

Alberto Caeiro hat sich zur Pflicht gemacht, nicht zu denken. Nicht zu denken, sondern nur zu schauen, das muß für Pessoa, der auf seine Weise, mit Gottfried Benn zu reden, ein »armer Hirnhund, schwer mit Gott behangen« gewesen ist, eine faszinierende Perspektive gewesen sein. Caeiros Gedichte leugnen Vergangenheit und Zukunft, sie wollen den Augenblick festhalten, und da dies so wenig möglich ist wie der völlige Verzicht auf Gedanken, entsteht eine bukolische Lyrik eigener Art, in der von Naturphänomenen geredet wird, auch wenn im Grunde philosophische Ideen Pate stehen. Das 29. Gedicht aus dem »Hüter der Herden« zeigt Caeiros gedankliche Position:

> Das Geheimnis der Dinge, wo ist es?
> Wo ist es, warum erscheint es nicht,
> wenigstens um zu zeigen, daß es Geheimnis ist?
> Was weiß der Fluß davon und was weiß der Baum?
> Und ich, der nicht mehr ist als sie, was weiß ich davon?
> Immer wenn ich die Dinge anschaue und daran denke,
>   was die Menschen von ihnen denken,
> lache ich wie ein Bach, der frisch über Steine plätschert.
>
> Weil der einz'ge verborgene Sinn der Dinge
> darin besteht, daß sie keinen verborgenen Sinn besitzen,
> ist es sonderbarer als alle Sonderbarkeiten,
> als alle Dichterträume
> und alle Philosophengedanken,
> daß die Dinge auch wirklich sind, was sie scheinen,
> und es nichts zu verstehen gibt.

> Ja, das ist es, was meine Sinne einsam erlernten:
> Die Dinge haben keine Bedeutung: sie sind vorhanden.
> Die Dinge selbst sind der einz'ge verborgene Sinn der Dinge.

Caeiros Bukolik hat die Kommentatoren zu immer neuen kühnen Auslegungen angestachelt. Sicher ist, daß der Dichter in dem weißgekalkten Haus auf der Höhe eines Hügels im Ribatejo der Mondscheinlyrik und dem Symbolismus den Garaus machen will. Aber hat nicht bei diesem Hüter philosophischer Ideenherden die Phänomenologie Pate gestanden? Verkörpert sich in Caeiros Texten vielleicht der »Null-Grad der Textlichkeit«, den Roland Barthes später als Inbegriff der Modernität ansehen sollte? Berührt sich Pessoas Kunstgeschöpf gar unwillentlich mit dem Zen-Buddhismus, wie eine brasilianische Interpretin vermutet? Ein Vergleich von Texten des Zen-Buddhismus mit den Texten Caeiros offenbart erstaunliche Parallelen. Hat Pessoa die Weisheit des Ostens auf sich wirken lassen und in Lyrik umgestaltet? Wir wissen es nicht. Wie ein Hohn auf die romantische Mondscheinlyrik klingt das 35. Gedicht aus dem »Hüter der Herden«:

> Der Mond durch die hohen Zweige schimmernd,
> sagen die Dichter alle, sei mehr
> als der Mond durch die hohen Zweige schimmernd.
>
> Mir aber, der sich nicht vorstellen kann,
> was der Mond durch die hohen Zweige schimmernd
> anders sein könne
> als der Mond durch die hohen Zweige schimmernd,
> ist er wirklich nicht mehr
> als der Mond durch die hohen Zweige schimmernd.

Caeiros erster Schüler ist Dr. Ricardo Reis. Über ihn erfährt man aus dem Brief an Casais Monteiro:

»Ricardo Reis wurde 1887 in Oporto geboren ..., ist Arzt und lebt im Augenblick in Brasilien.« An anderer Stelle heißt es, Reis sei ein profunder Lateinkenner und ein halber Gräzist und arbeite nicht als Arzt, sondern als Gymnasiallehrer in Brasilien, wohin ihn seine monarchistische Gesinnung vertrieben habe. Wie dem auch sei, in den Oden von Ricardo Reis spiegelt sich Pessoas in Südafrika empfangene humanistische Bildung wider, vor allem seine Vertrautheit mit Horaz. Epikureertum und Stoizismus haben sich in Reis' Oden zu einer eigentümlichen Verbindung vereinigt. Zeitweilig scheint Pessoa geplant zu haben, Ricardo Reis als Haupt einer neuheidnischen Schule auftreten zu lassen, mit gehässiger Wendung gegen die christliche Dekadenz, aber die diesbezüglichen Programmschriften sind erst aus dem Nachlaß ans Licht gekommen. Die Oden können als reine Sprachkunstwerke betrachtet werden. Sie beziehen Christus ins Pantheon der heidnischen Götter ein:

Ode III

Gott Pan ist nicht gestorben,
auf jedem Feld, auf welchem
der Ceres' nackte Brüste
Apollos Lächeln suchen –
erscheint früh oder spät euch
Pan, der Unsterbliche.

Der traurige Gott der Christen
hat andere nicht getötet.
Er ist nur ein weiterer Gott,
einer vielleicht, der fehlte.
Pan gießt auch heute noch
die Klänge seiner Flöte
in Ceres' Ohren, wenn sie
lauschend auf Feldern lagert.

> Die Götter sind die gleichen,
> immerfort klar und ruhig,
> von Ewigkeit erfüllt und
> Verachtung für uns Menschen,
> bringen sie Tag und Nacht und
> goldene Ernten, nicht um uns
> den Tag, die Nacht, das Brot
> zu schenken, sondern einzig
> nach ihrem rätselvollen,
> göttlichen Zufallsplan.

Die Oden von Ricardo Reis stehen in engem Zusammenhang mit der neoklassizistischen Strömung im ersten Drittel unseres Jahrhunderts, als sich Europas Künstler, verstört vom Sturmschritt der technischen Neuerungen und den Greueln des Ersten Weltkriegs, auf die Wurzeln der europäischen Kultur zurückbesinnen. Nach dem Zweiten Weltkrieg haben wir noch einmal einer ähnlichen Rückbesinnung beigewohnt. Im deutschsprachigen Bereich stehen Stefan George, Hugo v. Hofmannsthal und Rudolf Alexander Schröder für diese Rückbesinnung auf die Antike, in Frankreich könnte man Dichter wie Paul Valéry oder Jean Cocteau nennen, und auch in der bildenden Kunst finden wir antikisierende Künstler. Ewige Themen der europäischen Lyrik klingen in den Oden von Ricardo Reis weiter: die Flucht der Zeit und das »Carpe diem!« des Horaz.

Ode XXI

Wie rasch vergeht doch alles, was vergeht!
Wie jung verstirbt doch alles vor den Göttern!
    Und alles ist so wenig!
Nichts wissen wir, und Phantasie ist alles.
Umkränz mit Rosen dich und trink und liebe
    und schweig. Der Rest ist nichts.

Angst vor dem Schicksal durchwirkt die Oden des Ricardo Reis. Aber eben weil unser Schicksal undurchsichtig ist und von Übermächten gelenkt wird, denen der Dichter eher nachlässig ihre römischen Götternamen beläßt, kann der moderne Mensch von Stoikern und Epikureern Haltung lernen und Heroismus in der Absurdität bewähren. Im Kleinen groß zu sein fordert die 39. Ode:

> Um groß zu sein, sei ganz: entstelle und
> verleugne nichts, was dein ist.
> Sei ganz in jedem Ding. Leg, was du bist,
> in dein geringstes Tun.
> So glänzt in jedem See der ganze Mond,
> denn er steht hoch genug.

Alberto Caeiros zweiter »Schüler« ist der Modernist Álvaro de Campos. Über ihn heißt es in dem besagten Brief an Casais Monteiro: »Álvaro de Campos wurde in Tavira (im Algarve) geboren, am 15. Oktober 1890 ... Er ist ... in Glasgow ausgebildeter Schiffsingenieur, lebt aber heute untätig hier in Lissabon ... Álvaro de Campos ist groß, mager und geht etwas gebückt ...« Außerdem ist er Monokelträger. Seine Gedichte sind undenkbar ohne Pessoas ausgedehnte Lektüre Walt Whitmans, des amerikanischen Weltumarmers und großen Hymnikers, den der Portugiese ins Nervös-Dekadente abwandelt. In den frühen großen Oden aus den Jahren 1914–1916 steht Campos den italienischen Futuristen nahe; er besingt die Welt der Maschinen und die Getriebenheit des modernen Europäers mit der Devise: »Alles auf jegliche Weise fühlen«. Aus der Dynamik seiner Empfindungen entwickelt er ein portugiesisches Pendant zum Futurismus, den »Sensacionismo«, der mangels anderer Mitstreiter, nachdem Sá-Carneiro Selbstmord begangen

hatte, nicht zur Entfaltung kam. Und so beginnt die
»Triumph-Ode« Álvaro de Campos':

Im schmerzenden Lichte der großen Glühbirnen der Fabrik
fiebere ich und schreibe.
Ich schreibe mit knirschenden Zähnen, Raubtier für diese
   Schönheit,
eine Schönheit, den Alten noch unbekannt.

O Räder, o Triebwerke, unablässiges Rrrr!
Verhaltne Ekstase rasender Maschinen!
Rasend in mir und außer mir
durch all meine bloßgelegten Nerven,
durch alle Poren meiner Empfindung!
Meine Lippen sind trocken, dröhnende Gegenwart,
weil ich dich allzu nahe höre,
und es brennt mein Kopf, weil ich maßlos
meine Empfindungen alle zum Ausdruck bringe
und mit der Maßlosigkeit eures Zeitalters euch besingen will,
   ihr Maschinen!
Fiebernd und die Motoren betrachtend wie eine
   Tropenlandschaft –
große menschliche Tropen aus Eisen und Feuer und Kraft –
singe ich, singe die Gegenwart und die Vergangenheit
   und die Zukunft.
Denn die Gegenwart ist die ganze Vergangenheit, ist die
   ganze Zukunft,
und Vergil und Platon leben in den Maschinen und in den
   elektrischen Lichtern,
weil es ein Ehedem gab und Vergil und Platon Menschen
   gewesen sind;
Teile von Alexander dem Großen aus dem Jahre 50 000,
Atome, die Fieber erzeugen im Hirn des Äschylos
   aus dem Jahre 100 000
kreisen durch diese Riemen, durch diese Kolben und diese
   Schwungräder,

brüllend, kreischend, säuselnd, dröhnend, hämmernd,
überschütten meinen Körper mit Zärtlichkeiten, eine einzige
   Liebkosung der Seele.
Ja, könnte ich mich zum Ausdruck bringen, wie sich ein
   Motor ausdrückt!
Vollständig sein wie eine Maschine!
Ins triumphierende Leben rollen wie das letzte Automobil ...

Der Schiffsingenieur Campos ist ein Meister der großen, generalstabsmäßig geplanten Ode, der dithyrambischen Wortkaskaden. Eines der eindrucksvollsten Gedichte unseres Jahrhunderts ist sicherlich Campos' »Meeres-Ode«, das hohe Lied des Ozeans, wie es in dieser Vielgestalt, die Fahrten des Odysseus mit den Entdeckungsreisen und der modernen Handelsschiffahrt verknüpfend, wohl nur der Angehörige einer seefahrenden Nation komponieren konnte. Die »Meeres-Ode« ist jedoch nicht nur eine Verherrlichung von Meer und Schiffahrt, sondern zugleich auch des menschlichen Ringens um das Absolute und nicht zuletzt auch die dichterische Verklärung des weltumgreifenden Handels, der die Völker miteinander verbindet und dem Pessoa beruflich so eng verbunden war. Davon heißt es in der Mitte der »Meeres-Ode«:

Der Tag trat in die Arbeitsstunden ein.
Alles beginnt sich zu beleben und zu regeln.
Mit großem, unbefangenem, unmittelbarem Vergnügen
durchlaufe ich mit der Seele
alle Arbeitsgänge, die zur Verschiffung von Waren nötig sind.
Meine Zeit ist der Stempel, den alle Rechnungen tragen,
und ich fühle: alle Briefe aus allen Büros
müßten an mich adressiert sein.

Eine Bordbekanntschaft hat einzigartigen Reiz,
und die Unterschrift eines Schiffskapitäns ist so schön
   und modern!

Handelsstrenge zu Anfang und Ende der Briefe:
Dear Sirs – Messieurs – Amigos e Senhores, –
Yours faithfully – nos salutations empressées ...
All dies ist nicht allein menschlich und sauber, sondern auch
    schön und hat schließlich Meeresbestimmung, einen
    Dampfer, auf dem die Waren verladen werden, um die es in
    Briefen und Rechnungen geht. ...
Kommt nur und sagt, es gäb' keine Poesie im Handel
    und in den Büros!
Ihr Narren! Sie dringt ja durch alle Poren ein! ... In dieser
    Meeresluft atme ich sie,
weil dies alles sich auf Dampfer und moderne Seefahrt be-
    zieht, weil Rechnungen und Geschäftsbriefe der Anfang der
    Geschichte und Schiffe, die Waren über ewige Meere tra-
    gen, ihr Ende sind ...

In den zwanziger Jahren verfällt Álvaro de Campos' dynamische Heftigkeit. Die späten Gedichte sind die Aufzeichnungen eines Scheiternden, der im Leben ebenso gescheitert zu sein glaubt wie auf der Suche nach einer Antwort auf die Rätsel der Existenz.

Aufzeichnung

Meine Seele ist wie ein leeres Gefäß zerbrochen.
Ist die Treppe hinuntergerollt, ganz nach unten.
Ist dem achtlosen Dienstmädchen aus den Händen gefallen.
Ist gefallen und in mehr Stücke zersprungen als Steingut
    an dem Gefäß war.

Eine Dummheit? Unmöglich? Was weiß ich!
Ich habe mehr Empfindungen als zu der Zeit, als ich als Ich
    mich fühlte.
Ich bin eine Scherbenversammlung auf einer auszuschüttelnden Matte.
...
Es entrollt sich die Riesentreppe mit ihrem Sternenteppich.

> Eine Scherbe schimmert, auf ihre glänzende Seite gewendet,
> unter Gestirnen.
> Mein Werk? Meine Hauptseele? Oder mein Leben?
> Eine Scherbe.
> Und die Götter betrachten sie ganz besonders, denn warum
> sie dort liegenblieb, wissen sie nicht.

Was Pessoas »Drama in Leuten«, seine Aufspaltung in verschiedene Heteronyme, zu bedeuten hat, darüber haben sich die Kritiker immer erneut die Köpfe zerbrochen. Es gibt zwar auch andere europäische Autoren unseres Jahrhunderts, die Kunstfiguren geschaffen und ihnen Teile ihres Werkes zugeschrieben haben: der Spanier Antonio Machado hat dem Turnlehrer Juan de Mairena Maximen zur Lebensführung in den Mund gelegt; der spanische Romanautor und Dichter Unamuno in seinem Roman »Nebel« ein »alter ego« auftreten lassen; auch der Italiener Pirandello und seine sechs Personen, die nach einem Autor suchen, gehört wohl in diese Reihe. Aber Pessoa hat sich am radikalsten aufgespalten, denn zu den bereits erwähnten Heteronymen kommen noch verschiedene andere Halbheteronyme, die nicht ganz zur Abgerundetheit eines eigenen Werkes gediehen sind. War dieses Spiel mit Heteronymen für Pessoa eine psychische Notwendigkeit? Wollte er auf diese Weise die herrschenden Kunsttendenzen Europas angemessener begleiten? Im Entwurf zu einer bei Lebzeiten nicht zustande gekommenen Ausgabe seines Werkes heißt es einleitend:

»Was kann ein genialer Mensch bei dem heute spürbaren Mangel an Literatur anderes tun, als sich ganz allein in eine Literatur verwandeln? Was kann ein sensibler Mensch bei dem Mangel an Zeitgenossen, mit denen der Umgang lohnt, Besseres tun, als seine Freunde oder zumindest geistigen Gefährten selbst zu erfinden?«

Gänzlich anders als die komplizierte Bukolik Caeiros, die klassischen Oden Ricardo Reis' oder das metaphysische Parlando Álvaro de Campos' ist die Lyrik geartet, die Pessoa unter eigenem Namen verfaßt hat. Ihr Sammeltitel lautet »Cancioneiro«, Liederkreis, und ist sichtlich Heinrich Heine nachempfunden, den der Portugiese als Meister der abgerundeten lyrischen Kleinform hochgeschätzt hat. Die darin zusammengefaßten Gedichte schöpfen alle Klangmöglichkeiten der portugiesischen Sprache aus und bleiben daher so gut wie unübersetzbar. Sie besingen die Stimmungen eines ruhelos Umgetriebenen, unter der Last des Bewußtseins und der Gewißheit der unauflösbaren Lebensrätsel Leidenden. Eine moderne Poetik enthält das Gedicht »Autopsychographie«. Auch sie ist strikt antiromantisch; der Dichter soll nicht persönliche Bekenntnisse nachgestalten, wie dies die Romantiker taten, er soll seine Erlebnisse umformen und derart übersetzen, daß der Leser die beabsichtigte Wirkung spürt, obwohl ihm das Ausgangserlebnis des Dichters unbekannt bleibt.

Autopsychographie

Der Poet verstellt sich, täuscht uns so vollkommen und
  gewagt,
daß er selbst den Schmerz vortäuscht, der ihn wirklich plagt.

Die dann seine Verse lesen, spüren lesend nicht die beiden
Schmerzen, die in ihm gewesen, sondern Schmerz,
  den sie nicht leiden.

Und so fährt auf ihrem Gleise, unterhaltsam dem Verstand,
eine Spielzeugbahn im Kreise, unser Herz genannt.

Pessoa hat zeit seines Lebens nichts von den organisierten christlichen Kirchen wissen wollen; seine Heteronyme Caeiro und Reis sind erklärtermaßen Heiden. Gleichwohl ist er ein metaphysischer Dichter, den die Frage nach dem

Sinn der menschlichen Existenz unablässig beschäftigt hat. Gegen 1915 begann er, sich zunächst übersetzerisch mit den Büchern englischer und amerikanischer Theosophen zu beschäftigen. Er befaßte sich auch mit der Astrologie und verstand sich auf die Ausarbeitung von Horoskopen, die er sowohl für seine Freunde als auch für seine Heteronyme und die Zeitschrift »Orpheu« ausarbeitete. Seine Freundschaft mit dem englischen Magier Aleister Crowley endete mit dem rätselhaften Verschwinden des diabolischen, erst in den fünfziger Jahren verstorbenen Magiers im »Höllenschlund« von Cascais. Von der Astrologie führte ihn sein Interesse an Geheimlehren über die Freimaurerei zu Rosenkreuzern, Kabbalisten und Gnostikern. Durch sein unter eigenem Namen geschriebenes Werk zieht sich, wie bei dem Iren W. B. Yeats, die Überzeugung von einer geistigen Hierarchie der Wesen, von einer Einweihung in immer höhere Grade der Erkenntnis, zu deren Erlangung der Dichter keiner Mitgliedschaft in irgendwelchen Orden bedürfe, weil er ihrer dank seiner eingeborenen Wesenheit teilhaftig werde. Zu den sogenannten esoterischen Gedichten, die Pessoa mit seinem eigenen Namen zeichnete, zählt auch das Gedicht vom Mont Abiegno, einem der geheiligten Berge der höheren Erkenntnis, die der nach tieferem Wissen hungernde Mensch erklimmen muß.

> In des Mont Abiegno Schatten
> ruhte ich, des Grübelns satt,
> schaute auf zu dem ersehnten
> hohen Schloß auf hohem Grat.
> Doch ich lag, vom Grübeln matt,
> in des Mont Abiegno Schatten.
>
> Was je Liebe oder Leben,
> das lag hinter mir, vernichtet,
> ausgetilgt war in Vergessen,

was an Wünschen ich erdichtet.
In des Mont Abiegno Schatten
ruht' ich, weil ich längst verzichtet.

Möglich, daß ich einst gestärkter,
sei's an Kraft, sei's durch Verzicht,
doch den steilen Weg versuche,
der das Felsenschloß verspricht.
In des Mont Abiegno Schatten
rast' ich jetzt, doch rast' ich nicht.

Muß nicht, wenn das Schloß uns ruft,
jede Rast und Ruhe schwinden?
Liegt's auf unwegsamer Höhe,
bleibt der Weg doch zu ergründen.
In des Mont Abiegno Schatten
träume ich, ihn aufzufinden.

Doch für heute schlaf' ich bloß,
schlafen heiß' ich dies Nicht-Wissen,
schaue auf zum fernen Schloß,
achte nicht auf mein Verlangen.
Ach, wer reißt mich endlich los
aus des Mont Abiegno Schatten?

Pessoa hat sich mehrfach zur gnostischen Tradition des Christentums bekannt, wobei freilich im einzelnen schwer zu bestimmen bleibt, wo sein »transzendentales Heidentum« aufhört und das »gnostische Christentum« anfängt. Die erregte Spannung seines an äußeren Ereignissen ärmlichen Lebens hat der Dichter mit der Nachhilfe von Zigaretten und Branntwein aufrechtzuerhalten gesucht. Die Todesursache lautete: Leberzirrhose. Das Festival der Nerven, in welchem Pessoa lebte, benötigte ein banales Gegengewicht, wenn die Spannung überhaupt 47 Jahre hindurch gehalten werden sollte. Deshalb wohl hat er die bescheidene Tätigkeit im Lissaboner Handel geschätzt, der er im »Buch der Unruhe« ein Denkmal gesetzt hat. Die 520 Fragmente dieses in einem Zeitraum von zwanzig Jahren verfaßten Tagebuchs ohne Intimität sind in der deutschen Ausgabe auf 240 zusammengeschrumpft; sie enthalten die Quintessenz der Leidensgeschichte des Hilfsbuchhalters Soares, eines weiteren Geschöpfes Fernando Pessoas, das diesmal starke Ähnlichkeiten mit seinem Schöpfer zeigt und wie er einer unscheinbaren Tätigkeit in einem Lissaboner Handelshaus nachgeht. Aus der Rua dos Douradores hat Bernardo Soares ein Gleichnis des menschlichen Lebens herausgelesen:

»Wir alle, die wir träumen und denken, sind Buchhalter und Hilfsbuchhalter in einem Stoffgeschäft oder in irgendeinem anderen Geschäft in irgendeiner Unterstadt. Wir führen Buch und erleiden Verluste; wir ziehen die Summe und gehen vorüber; wir schließen die Bilanz, und der unsichtbare Saldo spricht immer gegen uns.«

Das »Buch der Unruhe«, mit dem Pessoa selbst seine Werkausgabe eröffnen wollte, bietet den besten Zugang zu seiner dichterischen Welt. Es verbinden sich in ihm die Bildhaftigkeit des Prosagedichts mit der geschliffenen Kürze der Maximen zur Lebensweisheit. Der Hilfsbuchhalter Bernardo Soares ist tief zerfallen mit seiner Existenz und sehnt sich zuweilen danach, ausgelöscht zu werden. Dann ruft er die Nacht mit der Inbrunst des Novalis an:

»O Nacht, deren Gestirne Licht lügen, o Nacht, einzige Wesenheit von der Größe des Weltalls, mach mich mit Leib und Seele zu einem Teil deines Leibes, damit ich mich verliere und bloße Finsternis und ebenfalls Nacht werde, ohne Träume, die in mir Gestirne sind, oder eine erwartete Sonne, auf die zu warten die Zukunft erhellen könnte.«

Aber da ist jeden Tag der Dienst im Stoffgeschäft Vasques & Co., der solche Höhenflüge dämpft. Wäre es nicht wünschenswert, diesen deprimierenden Alltag abzuschütteln und gänzlich in die reineren Sphären der Existenz einzutauchen? Bernardo Soares hat auch diesen Traum geträumt:

»Heute habe ich mir in einer jener plan- und würdelosen Phantasievorstellungen, die einen großen Teil der geistigen Substanz meines Lebens ausmachen, ausgemalt, ich sei für immer frei von der Rua dos Douradores, von Chef Vasques, vom Buchhalter Moreira, von allen Angestellten, von dem Dienstmann, von dem Laufjungen und von der Katze. Im Traum spürte ich meine Befreiung, als hätten mir südliche Meere wunderbare Inseln zur Entdeckung angeboten. Das wäre dann die Erholung, die vollendete Kunst, die geistige Erfüllung meines Seins. Plötzlich aber mitten in diesen Phantasien, denen ich mich am bescheidenen Feiertag der Mittagspause in einem Café überließ, beeinträchtigte mir ein unangenehmer Eindruck diesen Traum: ich spürte, daß mir das leid tun würde. Ja, ich sage das, als ob ich es mit aller Ausführlichkeit sagen würde: es täte mir leid. Chef Vasques, Buchhalter Moreira, Kassierer Borges, alle diese guten Kerle, der vergnügte Laufbursche, der die Briefe auf die Post bringt, der Dienstmann für alle Arten von Transporten, die zärtliche Katze – all das ist ein Bestandteil meines Lebens geworden; ich könnte all das nicht mehr verlassen, ohne zu weinen, ohne einzusehen, daß ein Teil von mir, auch wenn es mir noch so arg erscheinen mag, bei ihnen allen zurückbleiben, daß eine Trennung von ihnen einem halben Tod gleichkommen würde.«

Es ist gewiß erlaubt, hinter diesen Geständnissen des Hilfsbuchhalters Soares das Einverständnis Fernando Pessoas zu vermuten. Wo immer nämlich sich der Alltag unseres Lebens abwickeln mag, ob in der Seitenstraße einer Handelsmetropole oder in einem fürstlichen Palast, den großen Fragen des Lebens sind wir überall gleichmäßig nahe und bedürfen keines erhöhten Schauplatzes, um mit ihnen konfrontiert zu werden.

»Und wenn das Büro in der Rua dos Douradores für mich das Leben verkörpert, so verkörpert mein zweites Stockwerk, in dem ich in der gleichen Rua dos Douradores wohne, für mich die Kunst. Jawohl, die Kunst, die in derselben Straße wohnt wie das Leben, jedoch an einem anderen Ort, die Kunst, die das Leben erleichtert, ohne daß es deshalb leichter würde zu leben, die so eintönig ist wie das Leben selber, nur an einem anderen Ort. Jawohl, diese Rua dos Douradores umfaßt für mich den gesamten Sinn der Dinge, die Lösung aller Rätsel außer der Tatsache, daß es Rätsel gibt, die keine Lösung finden können.«

Der Dichter, der so eindringlich den Alltag verteidigt und rechtfertigt, ist fünfzig Jahre nach seinem Tode gegenwärtiger als zu Lebzeiten. Seine wichtigsten Werke sind in alle Kultursprachen übertragen worden. Er gehört wie Stendhal zu jenen Autoren, die sich ihres Wertes bewußt waren, aber hellsichtig begriffen, daß sie erst nach ihrem Tode Ruhm und Anerkennung finden würden. Im »Buch der Unruhe« heißt es dazu:

»Zuweilen denke ich mit traurigem Vergnügen daran, daß ich ... doch noch zu guter Letzt Menschen finden werde, die mich ›verstehen‹, meine Leute, meine wahre Familie, wie geschaffen dazu, in ihrem Schoß auf die Welt zu kommen und geliebt zu werden. Doch weit davon entfernt, in dieser Familie auf die Welt zu kommen, werde ich schon seit langem verstorben sein. Ich werde nur in effigie, als Abbild verstanden werden, wenn die Zuneigung den Verstorbenen nicht mehr für die ausschließliche Abneigung entschädigen kann, die ihm zuteil wurde, als er noch am Leben war.

Eines Tages wird man vielleicht einsehen, daß ich wie kein anderer meine eingeborene Pflicht als Dolmetscher für einen Teil unseres Jahrhunderts erfüllt habe; und wenn man das verstanden hat, wird man schreiben, daß ich zu meiner Zeit unverstanden blieb, daß ich unseligerweise Ablehnung und Kälte zu spüren bekam und daß es schade ist, daß mir dies widerfahren mußte. Und wer dies schreibt, wird zu der Zeit, in der er es schreibt, wie meine jetzige Umgebung meinem Nachfolger in jener künftigen Zeit verständnislos gegenüberstehen. Denn die Menschen lernen nur zum Nutzen ihrer Urgroßeltern, die schon verstorben sind.«

Was ist das für eine Dolmetschertätigkeit, die Pessoa erfüllt zu haben glaubt? Die Frage läßt sich nur andeutungsweise beantworten: Er übersetzt den Zusammenbruch der überlieferten geistigen Werte in eine Dichtung, die bei allen Akzenten der Verzweiflung doch auch ein aufbegehrendes Dennoch kennt. Er hat wie Gottfried Benn oder Heinrich Mann im deutschen Sprachraum ein Bekenntnis zur überdauernden Macht der Kunst und der Literatur abgelegt.

»Die Literatur, die eine mit dem Denken vermählte Kunst und eine Verwirklichung ohne den Makel der Wirklichkeit ist, scheint mir das Ziel zu sein, das jede menschliche Anstrengung ansteuern sollte, wenn sie wahrhaft menschlich und nicht ein Überrest der Tierhaftigkeit wäre.«

In einer Zeit, in der die visuelle Unterhaltungsindustrie dem Buch manche Leser zu entfremden droht, wirken diese Worte des portugiesischen Dichters ebenso visionär wie tröstlich.

Fernando im Alter von 6 Jahren.
Aus dem Brief an den Kritiker J. G. Simões vom 11.11.1931: »Ich habe nie Sehnsucht nach der Kindheit empfunden; ich habe wirklich nie nach irgend etwas Sehnsucht empfunden. Ich bin meiner Natur nach und im vollen Wortsinn ein Futurist. Ich kenne weder Pessimismus noch schaue ich rückwärts ... (...) Ich spüre, die Vergangenheit angehend, nur Sehnsucht nach verschwundenen Menschen, die ich geliebt habe; aber es ist keine Sehnsucht nach der Zeit, in der ich sie liebte; ich wünschte, sie wären heute am Leben, und so alt, wie sie heute alt sein würden, wenn sie bis heute gelebt hätten.«

Fernando mit der Familie (Mutter, Stiefvater und drei Stiefgeschwistern) auf d

reppe des »cottage« in Durban (Südafrika)

Fernando Pessoa in Lissabon in den ersten Jahren nach der Rückkehr aus Südafrika

Fotografie vom Januar 1914

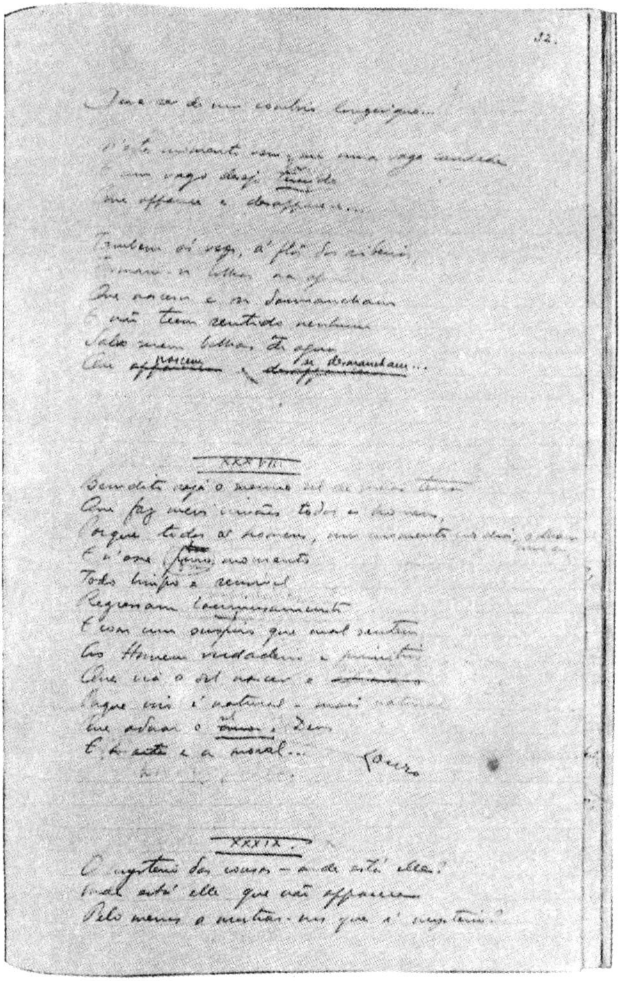

Eine Manuskriptseite aus Caeiros »Der Hüter der Herden«

Pessoa, gezeichnet von Almada Negreiros am 30. 11. 1935, nach der Rückkehr vom Friedhof

Almada Negreiros' Fantasiebilder von Pessoas Heteronymen Caeiro, Reis und Campos (von links nach rechts), farbiges Relief am Eingang der Philosophischen Fakultät der Universität Lissabon (Campo Grande)

Pessoa auf einem Foto von Vitoriano Braga

In einer Straße der »Baixa«, der Lissaboner Unterstadt

Mit einem Freund in der Rua Augusta

Pessoa im Jahre 1928

Weitere Momentaufnahme in der Lissaboner Unterstadt

Mit einem Freund im (heute noch existierenden) Café »Martinho das Arcadas« an der Praça do Comércio (Lissabon)

Pessoa, fotografiert im Jahre 1929 in der Taverne von Abel Pereira da Fonseca.

Pessoas Schreibmaschine Marke Royal

Brief an seine Freundin Ophélia Queiroz vom 29. 9. 1929:
»Liebe kleine Ophélia:
Weil ich nicht will, daß Sie sagen möchten, daß ich Ihnen nicht geschrieben habe, weil ich Ihnen wirklich nicht geschrieben habe, schreibe ich Ihnen eben jetzt. Nicht eine Zeile, wie ich versprochen habe, aber auch nicht viele. Ich bin krank, vor allem wegen einer Reihe von Sorgen und Ärgerlichkeiten, die ich gestern hatte. Wenn Sie mir nicht glauben wollen, daß ich krank bin, dann eben nicht. Aber ich bitte Sie darum, mir nicht zu sagen, daß Sie mir nicht glauben. Es genügt mir schon, daß ich krank bin; es ist unnötig, daß Sie daran zweifeln wollen oder Rechenschaft über meine Gesundheit verlangen, als ob es in meinem Willen stünde oder ich verpflichtet wäre, irgend jemandem über irgend etwas Rechenschaft abzulegen.

Was ich Ihnen von meiner Absicht gesagt habe, nach Cascais zu gehen (Cascais heißt irgendein Punkt außerhalb von Lissabon, aber doch in der Nähe, und kann auch Sintra oder Caxias heißen), ist die reine Wahrheit: Wahrheit zumindest, so weit dies meine Absicht angeht. Ich habe ein Alter erreicht, in dem man die volle Herrschaft über seine Fähigkeiten besitzt und die Intelligenz die Kraft und Geschicklichkeit erreicht hat, die sie erreichen kann. Es ist mithin an der Zeit, daß ich mein literarisches Werk verwirkliche, manches vervollständige, manches ordne und anderes schreibe, was noch geschrieben werden muß. Um dieses Werk zu verwirklichen, benötige ich Ruhe und eine gewisse Isolierung. Leider kann ich die Büros, in denen ich arbeite, nicht aufgeben (ich kann es nicht, weil ich keine anderen Einkünfte habe), wohl aber kann ich, wenn ich für den Dienst in diesen Büros zwei Wochentage reserviere (die Mittwoche und die Samstage) die fünf verbleibenden Tage für mich und mir gehörig haben. Da haben Sie die berühmte Angelegenheit mit Cascais.

Mein gesamtes künftiges Leben hängt davon ab, ob ich das tun kann oder nicht, und zwar in Bälde. Im übrigen kreist mein Leben um mein literarisches Werk – gut oder schlecht, wie es ist oder wie es sein kann. Alles übrige im Leben hat für mich ein zweitrangiges Interesse: es gibt natürlich Dinge, die ich gerne haben würde, und andere, von denen es mir einerlei ist, ob sie kommen oder nicht kommen. Alle, die mit mir umgehen, müssen einsehen, daß ich so und nicht anders bin, und wenn man von mir die im übrigen sehr achtenswerten Gefühle eines durchschnittlichen und banalen Menschen verlangt, ist es so, als ob man von mir verlangen würde, ich sollte blaue Augen und blondes Haar haben. Und mich so zu behandeln, als ob ich ein anderer Mensch wäre, ist nicht die beste Art und Weise, meine Zuneigung zu behalten. Besser ist es, den, der so ist, auch entsprechend zu behandeln, und diesem Fall heißt das, ›sich an jemand anders wenden‹ oder ein ähnlicher Satz.

Ich mache mir viel – sogar sehr viel – aus der Ophélinha. Ich schätze sehr – ganz außerordentlich – Ihre Art und Ihren Charakter. Sollte ich heiraten, werde ich nur Sie heiraten. Offen bleibt, ob die Heirat, der häusliche Herd (oder wie man das sonst nennen mag) Dinge sind, die sich mit meinem denkenden Leben in Übereinstimmung bringen lassen. Ich bezweifle das. Im Augenblick und in der nächsten Zeit möchte ich mein denkendes Leben und meine Arbeit in die gehörige Ordnung bringen. Wenn ich es nicht zu organisieren vermag, dann steht fest, daß ich nie auch nur mit einem Gedanken ans Heiraten denken werde. Wenn ich es derart ordnen kann, daß die Heirat ein Hindernis darstellen würde, so ist klar, daß ich nicht heiraten werde. Aber es ist wahrscheinlich, daß es nicht so sein wird. Die Zukunft – und eine nahe Zukunft – wird es lehren. Da haben Sie es, und zufällig ist es sogar wahr.

Leben Sie wohl, Ophélinha. Schlafen und essen Sie, und verlieren Sie kein Gramm!

Ihr sehr ergebener
Fernando.«

Die Truhe mit den unveröffentlichten Manuskripten und die Bibliothek des Dichters

Die letzte Fotografie, aufgenommen von seinem Freund A. Ferreira Gomes

Der letzte, im Krankenhaus am Vortage seines Todes mit dem Bleistift geschriebene Satz: »I know not what tomorrow will bring.«

Kleine Anthologie aus dem Werk von
Fernando Pessoa

Alberto Caeiro · Ricardo Reis ·
Álvaro de Campos · Fernando Pessoa

Deutsche Übertragung von Georg R. Lind

# Alberto Caeiro

*Aus: Der Hüter der Herden*

I

Nie habe ich Herden gehütet,
und dennoch ist es, als ob ich sie hütete.
Meine Seele ist wie ein Hirte,
kennt den Wind und die Sonne
und geht an der Hand der Jahreszeiten,
folgt ihnen und schaut.
Aller Friede der menschenleeren Natur
gesellt sich mir zu.
Aber traurig werde ich wie ein Abendrot
in unserer Einbildung,
wenn es kalt wird in der Tiefe der Ebene
und man spürt, die Nacht drang ein
wie ein Schmetterling durch das Fenster.

Doch meine Trauer ist Ruhe,
weil sie natürlich und richtig ist,
weil gerade sie in der Seele sein muß,
wenn sie schon an ihr Dasein denkt
und die Hände Blumen pflücken, ohne daß sie es merkt.

Mit einem Schellengeläute
hinter der Straßenbiegung
sind meine Gedanken zufrieden.
Mich schmerzt nur, zu wissen, daß sie zufrieden sind,
weil sie, wüßt' ich es nicht,
statt traurig-zufrieden
heiter-zufrieden wären.

Denken ist lästig wie ein Gang durch den Regen,
wenn der Wind zunimmt und es stärker zu regnen scheint.
Ich habe weder Ehrgeiz noch Wünsche.
Dichter zu sein ist nicht mein Ehrgeiz.
Es ist meine Art, einsam zu sein.

Und wenn ich zuweilen –
in meiner Phantasie – ein Lämmlein sein möchte
(oder die ganze Herde,
um über den ganzen Abhang auszuschwärmen
und recht viel Glück auf einmal zu sein),
so nur, weil ich das fühle, was ich im Abendrot schreibe
oder wenn eine Wolke mit der Hand über das Licht fährt
und ein Schweigen über die Gräser huscht.

Wenn ich mich setze, um Verse zu schreiben
oder, über Wege und Stege wandernd,
Verse auf ein Papier in meinem Denken schreibe,
spüre ich einen Hirtenstab in den Händen
und sehe mein Ebenbild
auf eines Hügels Höhe
auf meine Herde schauen und meine Gedanken sehen
oder auf meine Gedanken schauen und meine Herde sehen
und vage lächeln wie jemand, der nicht versteht, was man
    sagt,
und so tun will, als ob er verstünde.

Ich grüße alle, die mich lesen werden,
und ziehe vor ihnen den breiten Hut,
wenn sie mich an meiner Tür erblicken,
sobald die Kutsche auftaucht auf der Höhe des Hügels.
Ich grüße sie und wünsch' ihnen Sonne
und Regen, wenn Regen nottut,
in ihren Häusern möge

unter dem offenen Fenster
ihr Lieblingsstuhl stehen,
auf den sie sich setzen sollen, um meine Verse zu lesen.
Beim Lesen meiner Verse mögen sie denken,
ich sei ein Stück der Natur –
beispielsweise der alte Baum,
in dessen Schatten sie sich als Kinder,
ermattet vom Spielen, fallen ließen
und mit dem zerrissenen Schürzenärmel
den Schweiß von der heißen Stirne wischten.



V

Auch im Nichtdenken steckt genug Metaphysik.
Was ich denke über die Welt?
Weiß ich, was ich denke über die Welt!
Wenn ich krank würde, dächte ich dran.

Welche Vorstellung ich von den Dingen habe?
Welche Ansichten über Wirkung und Ursache?
Was ich über Gott und die Seele
und die Erschaffung der Welt ergrübelt habe?
Ich weiß es nicht. Für mich heißt daran denken die Augen schließen
und gar nicht denken. Heißt meines Fensters
Vorhänge zuziehn (aber es hat keine Vorhänge).

Das Geheimnis der Dinge? Weiß ich, was Geheimnis ist!
Das einz'ge Geheimnis bleibt, daß da jemand ist, der ans Geheimnis denken möchte.

Wer in der Sonne steht und die Augen schließt,
weiß nicht mehr, was die Sonne ist,
und ersinnt überhitztes Zeug.
Aber schlägt er die Augen auf und erblickt die Sonne,
so kann er an gar nichts mehr denken,
denn das Sonnenlicht ist mehr wert als alle Gedanken
aller Dichter und Denker.
Der Sonnenschein weiß ja nicht, was er tut,
und deshalb irrt er nicht, ist für alle da und ist gut.


Metaphysik? Welche Metaphysik haben die Bäume?
Grün zu sein und Wipfel und Zweige zu tragen
und Früchte zu bringen zu ihrer Zeit, und das läßt uns nicht
  denken,
uns, die wir nicht verstehen, auf sie zu achten.
Aber welche Metaphysik wäre besser als die der Bäume,
die nicht wissen, wozu sie leben,
nicht wissen, daß sie's nicht wissen?


»Innres Gefüge der Dinge«,
»Innerer Sinn des Weltalls«.
Dies alles ist falsch, dies alles sagt gar nichts.
Wie kann man nur an dergleichen denken!
Es ist so, als ob man an Zwecke und Gründe dächte,
wenn der Morgen durchbricht und neben den Bäumen
schwebendes Gold die Dunkelheit aufhebt.


Über den inneren Sinn der Dinge zu grübeln
ist so müßig wie an die Gesundheit denken
oder ein Glas zum Quellwasser tragen.
Der einzige innere Sinn der Dinge
ist, daß sie keinen inneren Sinn besitzen.

Ich glaub' nicht an Gott, weil ich ihn niemals gesehen habe.
Wollte er, daß ich glaubte an ihn,
würd' er gewiß mit mir reden kommen,
in meine Tür eintreten
und sagen: Hier bin ich!


(Das klingt vielleicht lächerlich für die Ohren
jemandes, der nicht weiß, was die Dinge anschauen heißt,
und deshalb nicht begreift, wenn einer auf eine Weise
von ihnen spricht, die ihr Anblick lehrt.)


Aber wenn Gott Blumen und Bäume ist
und Berge und Sonne und Mondschein,
dann glaub' ich an ihn,
dann glaub' ich an ihn zu jeder Stunde!
Und mein Leben ist nur ein einziges Gebet, eine einzige
　Messe,
Kommunion mit Augen und Ohren.


Aber wenn Gott die Bäume und Blumen ist
und Berge und Mondschein und Sonne,
warum nenn' ich ihn Gott?
Ich nenne ihn Blumen und Bäume und Berge und Sonne
　und Mondschein;
denn wenn er, damit ich ihn sähe,
Sonne und Mondschein und Blumen und Bäume und Berge
　wurde,
mir als Bäume und Berge erscheint
und Mondschein und Sonne und Blumen,
so will er, daß ich
als Bäume und Berge und Blumen und Mondschein und
　Sonne ihn kennen soll.

Und darum gehorche ich ihm
(was weiß ich mehr von Gott als Gott von sich selber?),
gehorche ihm durch ein ursprüngliches Leben,
wie einer die Augen aufschlägt und sieht,
und nenne ihn Mondschein und Sonne und Blumen und
 Bäume und Berge,
und liebe ihn, ohne an ihn zu denken,
und denk' ihn im Sehen und Hören
und gehe immerfort mit ihm um.


XX

Der Tejo ist schöner als der Fluß meines Dorfes,
aber der Tejo ist dennoch nicht schöner als der Fluß meines
 Dorfes,
weil der Tejo nicht der Fluß meines Dorfes ist.

Der Tejo trägt große Schiffe
und es schwimmt auf ihm heute noch
für jene, die überall sehen, was nicht vorhanden ist,
Erinnerung an die Karavellen.

Der Tejo entspringt in Spanien
und mündet ins Meer in Portugal.
Das wissen alle.
Aber wenige wissen, welcher Fluß durch mein Dorf fließt
und wohin er fließt
und woher er kommt.
Und deshalb, weil er weniger Leuten gehört,
ist der Fluß meines Dorfes freier und größer.

Über den Tejo geht es hinaus in die Welt.
Jenseits des Tejos liegt Amerika
und das Vermögen der Leute, die es dort finden.
Niemand hat jemals nachgedacht, was wohl
jenseits des Flusses von meinem Dorfe liegt.

Der Fluß meines Dorfes läßt an nichts denken.
Steht man an seinem Ufer, so steht man einzig an seinem
    Ufer.


XXXI

Wenn ich zuweilen sage, die Blumen lächeln,
und wenn ich sage, die Flüsse singen,
so nicht, weil ich meinte, es gäbe lächelnde Blumen
und singend strömende Flüsse ...
Vielmehr, weil ich so den verlogenen Menschen
das wirkliche Wesen der Blumen und Flüsse zeige.

Weil ich schreibe, damit sie mich lesen, bring' ich zuweilen
der Unzulänglichkeit ihrer Sinne mich zum Opfer ...
Ich tue es ungern, doch ich spreche mich frei,
denn im Grunde bin ich nur dies: ein Dolmetscher
    der Natur,
weil es Menschen gibt, die ihre Sprache nicht fassen,
weil ihre Sprache keine ist.

# Ricardo Reis

*Aus: Erstes Buch*

II

Die Rosen lieb' ich aus Adonis' Gärten,
die Flügelrosen, Lydia, die am gleichen
   Tage, an dem sie aufblühn,
   am gleichen sterben müssen.
Das Licht scheint ihnen ewig, denn sie blühen,
wenn schon die Sonne aufging, und verwelken,
   bevor Apollo seine
   himmlische Bahn verläßt.
So sei uns unser Leben wie *ein Tag*,
und weigern wir uns, Lydia, zu wissen,
   daß vor und nach der kurzen
   Frist unsres Dauerns Nacht ist.


VIII

Um groß zu sein, sei ganz: entstelle und
verleugne nichts, was dein ist.
Sei ganz in jedem Ding. Leg, was du bist,
   in dein geringstes Tun.
So glänzt in jedem See der ganze Mond,
   denn er steht hoch genug.

XI

Das Schicksal fürcht' ich, Lydia. Nichts ist sicher.
In jeder Stunde kann uns widerfahren,
    was uns von Grund auf wandelt.
Jenseits des Bekannten führt in Fremde
der eigne Schritt. Und ernste Mächte hüten
    die Schwelle der Gewohnheit.
Wir sind nicht Götter, sollen, Blinden gleich,
den Abgrund fürchten und dem Neuen dieses
    kärgliche Leben vorziehn.

XLII

Behalte nichts in den Händen,
kein Gedenken in der Seele,
denn legt man später den letzten
Obolus dir in die Hände,
wird deinen Händen, wenn man
sie öffnet, nichts entfallen.

Wo ist der hohe Thronsitz,
den Atropos dir nicht nähme?
Wo Lorbeer'n, die nicht welken
unter des Minos Richtspruch?

Wo Stunden, die dich nicht
in jenen Schatten wandeln,
als der du einst zur Nachtzeit
ans Ende des Wegs gelangst?

Laß fallen die gepflückten,
kaum noch beschauten Blumen.

Genieß die Sonne. Danke
ab, sei dein eigener König.

VII

Schon lange vor uns blies der Wind durch
die gleichen Wälder, wenn es windig war,
und ihre Blätter sprachen
nicht anders als auch heute.

Wir gehn vorbei und regen uns vergebens.
Wir stiften nicht mehr Aufruhr im Lebend'gen
als die Blätter der Bäume
oder die Schritte des Windes.

So laßt uns danach trachten, unser Mühen
hingebend der Natur anheimzustellen,
mehr Leben nicht zu wünschen
als das der grünen Bäume.

Umsonst erstreben wir den Schein der Größe.
Außer uns selber grüßt auf dieser Erde
nichts unsere Bedeutung
und dient uns willenlos.

Wenn meine Spur im Sand am Meeresufer
das Meer mit nur drei Wellenschlägen auslöscht,
was wird am hohen Strand sein,
dort wo die Zeit das Meer ist?


XII

Nicht hass' ich dich, o Christus, denn ich glaube
an dich wie an die anderen älteren Götter.
    Nur acht' ich weder minder dich noch mehr
    als sie, du bist nur jünger.

Sie hass' ich, ja, mit stillem Abscheu hass' ich,
die dich mehr lieben als die anderen Götter.
  Ich will dich, wo du bist, und weder höher
  noch niedriger als sie, du sollst nur du sein.

Trauriger Gott, notwendig wohl, weil keiner
wie du war, einer mehr im Pantheon,
  nichts mehr, nicht höher und nicht reiner, weil es
  für alles Götter gab, dich ausgenommen.

Bedenk, ausschließlicher Verehrer Christi,
die Vielgestalt des Lebens und der Tage,
  nur wenn wir vielgestaltig sind wie sie,
  sind eins wir mit der Wahrheit und allein.

# Álvaro de Campos

GROSS SIND DIE WÜSTEN, UND ALLES IST WÜSTE

Groß sind die Wüsten, und alles ist Wüste.
Ein paar Tonnen Steine und Ziegel darüber
können doch nicht den Boden verdecken, den Boden, der alles ist.
Groß sind die Wüsten und die Seelen verlassen und groß –
verlassen, weil nichts sie durchzieht als sie selber,
groß, weil man alles von ihnen aus sieht, und alles ist tot.

Groß sind die Wüsten, meine Seele!
Groß sind die Wüsten.

Ich hab' keinen Fahrschein für dieses Leben gekauft,
ich hab' die Tür zum Gefühl verfehlt,
allen Willen, alle Gelegenheiten verpaßt.
Heute, kurz vor der Reise, bleibt mir nur noch,
mit offenem Koffer, der auf das lange verschobene Packen wartet,
mit den Hemden, die nicht hineinpassen, auf dem Stuhle sitzend,
heute bleibt mir (außer der Unbequemlichkeit, so zu sitzen) nur eines:
Zu wissen:
Groß sind die Wüsten, und alles ist Wüste.
Groß ist das Leben; daß Leben vorhanden ist, lohnt nicht.

Ich packe den Koffer besser, wenn nur die Augen ans
	Packen denken
als wenn die künstlichen Hände packen (ich glaube, ich
	drücke mich richtig aus).
Ich zünde die Zigarette an, um die Reise aufzuschieben,
um alle Reisen aufzuschieben,
um das gesamte Weltall aufzuschieben.
Komm morgen wieder, Wirklichkeit!
Für heute reicht es, ihr Herren!
Vertag dich, allmächtige Gegenwart!
Besser nicht sein als so sein.

Kauft dem Kinde, aus dem aus Versehen mein Ich entstand,
	Schokolade
und nehmt das Warenschild weg, denn morgen ist das
	Unendliche.

Aber ich muß den Koffer packen,
ich muß unbedingt den Koffer packen,
den Koffer.
Ich kann nicht die Hemden in der Hypothese mitnehmen
	und den Koffer in der Vernunft.
Gewiß, mein Leben lang hab' ich den Koffer packen müssen.

Aber mein Leben lang mußte ich auch auf der Ecke mit den
	gestapelten Hemden sitzen,
wie ein Stier, der nicht zum Apis gedieh, mein Schicksal käuend.

Ich muß den Seins-Koffer packen.
Ich muß existieren, indem ich Koffer packe.
Die Zigarettenasche fällt auf das oberste Hemd des Stapels.
Ich schaue zur Seite und stelle fest, daß ich schlafe.
Ich weiß nur, daß ich den Koffer zu packen habe,
und daß die Wüsten groß sind und alles Wüste,
und denke an irgendein Gleichnis darüber, aber ich habe es
	schon vergessen.

Auf einmal erhebe ich mich – wie alle Cäsaren.
Ich werde endgültig Koffer packen.
Zum Teufel! Ich muß ihn packen und schließen;
muß sehen, wie man ihn fortträgt,
muß unabhängig von ihm existieren.

Groß sind die Wüsten und alles ist Wüste,
Irrtum natürlich vorbehalten.
Arme menschliche Seele, deren Oase nur in der
    benachbarten Wüste!

Besser noch Koffer packen.
Ende.

AUFZEICHNUNG

Meine Seele ist wie ein leeres Gefäß zerbrochen.
Ist die Treppe heruntergerollt, ganz nach unten.
Ist dem achtlosen Dienstmädchen aus den Händen gefallen.
Ist gefallen und in mehr Stücke zersprungen als Steingut an
    dem Gefäß war.

Dummheit? Unmöglich? Wer weiß das?
Ich habe mehr Empfindungen als zu der Zeit, als ich als Ich
    mich fühlte.
Ich bin eine Scherbenversammlung auf einer
    auszuschüttelnden Matte.

Beim Sturz hab' ich Lärm gemacht wie ein zerbrechendes
   Gefäß.
Die Götter, die es gibt, beugen sich über die
   Treppenbrüstung
und starren auf die Scherben, die ihr Dienstmädchen aus mir
   gemacht hat.

Mögen sie nicht mit ihr zanken!
Seien sie nachsichtig gegen sie!
Was war ich als leeres Gefäß!

Sie mustern die Scherben, sinnlos bewußt,
aber bewußt ihrer selbst, nicht der Scherben.

Sie schauen und lächeln.
Lächeln nachsichtig zu der unfreiwilligen Dienstmagd.

Es entrollt sich die Riesentreppe mit ihrem Sternenteppich.
Eine Scherbe schimmert, auf ihre glänzende Seite gewendet,
   unter Gestirnen.
Mein Werk? Meine Hauptseele? Oder mein Leben?
Eine Scherbe.
Und die Götter betrachten sie ganz besonders, denn warum
   sie dort liegenblieb, wissen sie nicht.

LISABON REVISITED (1926)

Mich bindet nichts an nichts.
Ich will fünfzig Sachen zur gleichen Zeit.
Mein Sehnen steht angstvoll wie Hunger auf Fleisch
nach etwas, was ich nicht kenne –
definiert durch das Undefinierte . . .
Ich schlafe unruhig, und ich lebe im ruhlosen Traum
eines unruhig Schlafenden und halb Träumenden.

Sie haben mir alle abstrakten, notwendigen Türen
 verschlossen.
Vorhänge vor alle Hypothesen gezogen, die ich auf der
 Straße sehen könnte.
In der gefundenen Gasse gibt es die angegebene
 Hausnummer nicht,
ich wachte auf für dasselbe Leben, für das ich in Schlaf
 gesunken war.
Selbst meine erträumten Heere wurden geschlagen.
Selbst meine Träume fühlten sich unter dem Träumen im
 Irrtum.
Selbst das ersehnte Leben ist mir zuwider ...

Ich begreife in unverbundenen Abständen;
ich schreibe im Wechselspiel der Erschöpfung;
und Lebensekel aus purem Lebensekel spült mich ans Ufer
 des Strandes.

Welches Schicksal gebührt meiner steuerlosen Angst?
Welche Inseln des unerreichbaren Südens erwarten den
 Schiffbrüchigen?
Welche Palmenwälder der Literatur schenken mir wenigstens einen Vers?
Ich weiß es nicht, ich weiß überhaupt nichts ...
Auf dem Grund meines Geistes, wo ich das, was ich
 träumte, träume,
auf den letzten Gefilden der Seele, auf denen ich grundlos
(und die Vergangenheit ist ein Nebel aus falschen Tränen)
an Wege und Pfade der fernen Wälder zurückdenke,
wo ich mein Leben vermutete,
fliehen in Auflösung letzte Überreste
der letzten Täuschung,
meine erträumten Heere, geschlagen, ohne geschlagen zu
 sein,

meine erhofften Kohorten, vernichtet in Gott.
Abermals seh' ich dich wieder,
du Stadt meiner schrecklich verlorenen Kindheit ...
Heitere, traurige Stadt, abermals träume ich hier ...
Ich? Aber bin ich derselbe, der hier gelebt hat, der hierher zurückkam,
von neuem zurückkam und wieder von neuem?


Oder sind wir sämtliche Ichs, die hier waren,
eine Anzahl von Perlen, verbunden durch einen
    Gedächtnisfaden,
eine Reihe von Träumen eines Außer-Ichs über mich?


Abermals seh' ich dich wieder,
mein Herz ist ferner, die Seele weniger mein.


Abermals seh' ich dich wieder – Tejo und Lissabon –
Reisender, unnütz für dich und für mich,
Ausländer hier wie überall,
im Leben so zufällig wie in der Seele,
Gespenst, das beim Rascheln der Mäuse und knarrenden
    Dielen
durch Erinnerungssäle irrt
auf dem verfluchten Schloß der Pflicht zu leben ...


Abermals seh' ich dich wieder,
Schatten, der durch Schatten geht und
jäh in fremdem, düsterem Licht erglänzt
und in die Nacht eingeht, wie sich die Spur eines Schiffes
im Wasser verliert, das niemand mehr rauschen hört ...

Abermals seh' ich dich wieder,
doch, ach!, mich seh' ich nicht wieder!
Der magische Spiegel zerbrach, in dem ich mein Ebenbild
    wiedersah,
in jedem Schicksalssplitter sehe ich nur ein Teilchen von
    mir ...
ein Teilchen von dir und von mir! ...


Geburtstag

Zu der Zeit, da sie meinen Geburtstag feierten,
war ich glücklich, war noch niemand gestorben.
Im alten Hause war selbst mein Geburtstag eine uralte
    Tradition,
und die allgemeine Freude, auch meine,
war so gewiß wie irgendeine Religion.
Zu der Zeit, da sie meinen Geburtstag feierten,
war ich so selbstverständlich gesund, von nichts etwas zu
    verstehen,
im Familienkreis als geweckt zu gelten
und die Hoffnungen nicht zu hegen, die andere für mich
    hegten.
Als ich anfing zu hoffen, verstand ich nicht mehr zu hoffen.
Als ich anfing, auf das Leben zu schauen, hatt' ich den Sinn
    des Lebens verloren.

Und wofür ich selber mich hielt,
was Verwandte liebevoll in mir sahen,
was ich war an geselligen Abenden in halber Provinz-
    atmosphäre,
als ich Kind war und sie mich liebten,
ach Gott, erst heute weiß ich, was ich da war ...

In welcher Ferne!
(nicht wiederzufinden...)
Die Zeit, da sie meinen Geburtstag feierten!

Was ich heute bin, ist wie die Feuchtigkeit auf dem hinteren
 Flur des Hauses,
die Schimmel über die Wände zieht...
Was bin ich heute? (das Haus, in dem ich geliebt ward,
 zittert in meinen Tränen),
was bin ich heute? Das Haus ist verkauft,
es sind alle gestorben,
ich habe mich selbst überlebt wie ein verbranntes Zünd-
 holz...

Zu der Zeit, da sie meinen Geburtstag feierten...
wie geliebt, wie ein Mensch, diese Zeit!
Sinnliches Sehnen der Seele, sich abermals dort zu finden,
durch eine metaphysische und auch wirkliche Reise,
durch eine Verdoppelung meines Ichs...
Die Vergangenheit essen wie Hungerbrot, ohne Trost von
 Butter auf den Zähnen!
Ich sehe alles noch einmal mit einer Deutlichkeit, die mich
 blind macht für alles, was mich umgibt...
Den Tisch für mehr Gäste gedeckt, mit schöneren Mustern
 auf dem Geschirr, und mit mehr Gläsern,
die Anrichte und ihren Überfluß: Süßigkeiten und Obst, der
 Rest im Schatten unter dem Aufsatz –
die alten Tanten und die verschiedenen Vettern, und alles
 war da um meinetwillen
zu der Zeit, da sie meinen Geburtstag feierten...

Still, mein Herz!
Nicht denken! Das Denken laß nur im Kopfe!
O Jammer!

Heute hab' ich nicht mehr Geburtstag.
Ich daure.
Es reihen sich mir die Tage.
Ich werde alt sein, wenn ich es bin.
Nichts weiter.
Rasen könnt' ich, daß ich mir die Vergangenheit nicht stahl
   und mitnahm! . . .
Die Zeit, da sie meinen Geburtstag feierten! . . .

# Fernando Pessoa

*Aus ›Cancioneiro‹ (Liederkreis)*

Dies

Ich erdenk' und lüge, heißt es,
alles, was ich schreibe. Nein.
Was ich sagen will, ich leist' es
mit der Phantasie allein.
Herzblut misch' ich nicht hinein.

Was ich träume und verlasse,
alles, was am End' mißglückt,
ist wie eine Dachterrasse,
die auf etwas andres blickt.
Dieses andere entzückt.

Deshalb schreibe ich von oben,
wo das Nahe nicht verdrießt,
allen Wirrungen enthoben,
ernst, wie man ein Spiel genießt.
Fühlen? . . . Fühle, wer mich liest!


Der Tod ist die Kurve an einer Strasse

Der Tod ist die Kurve an einer Straße.
Das Sterben entrückt nur dem sehenden Sinn.
Lausch ich, hör ich deine Schritte
Dasein wie ich selber bin.

Die Erde ist aus Himmel geschaffen.
Die Lüge hat kein Geheg.
Niemand ging jemals verloren.
Alles ist Wahrheit und Weg.


*Aus ›Botschaft‹*

HEINRICH DER SEEFAHRER

Auf seinem Thron im Glanz der Sphären –
sein Mantel Einsamkeit und Nacht –
vor ihm das neue Meer, die toten Ären,
ist er der einzige Kaiser, dessen Hand
wahrhaft den Weltenball umspannt.

Ich bin ein Flüchtling.
Mein Leben begann,
da schloß man mich ein,
ich aber entrann.

Wenn gleicher Ort,
wenn gleiches Treiben
mich nur verdrießen,
warum dann bleiben?

Die Seele sucht mich.
Ich hab' mich versteckt.
Gott gebe, daß sie
mich nicht entdeckt.

Nur einer sein: Kerker.
Nur Ich-Sein: ein Nicht-Sein.
Mein Leben als Flüchtling
wird kraftvoll und dicht sein.

*Aus: Das Buch der Unruhe*

*Anmerkung*
*Die Zahlen am Rande beziehen sich auf die Fragmente der deutschsprachigen Ausgabe »Das Buch der Unruhe«, die Zahlen der portugiesischen Originalausgabe sind am Rand der einzelnen Fragmente eingeklammert hinzugefügt worden.*

Ich erschuf in mir verschiedene Persönlichkeiten. Ich erschaffe ständig Personen. Jeder meiner Träume verkörpert sich, sobald er geträumt erscheint, in einer anderen Person; dann träumt sie, nicht ich.   41 (34)

Um erschaffen zu können, habe ich mich zerstört; so sehr habe ich mich in mir selbst veräußerlicht, daß ich in mir nicht anders als äußerlich existiere. Ich bin die lebendige Bühne, auf der verschiedene Schauspieler auftreten, die verschiedene Stücke aufführen.

Letzten Endes bleibt von diesem Tage das, was vom gestrigen blieb und vom morgigen bleiben wird: die unersättliche und nicht zählbare Begierde, immer derselbe und ein anderer zu sein.   48 (24)

Meine Seele ist ein verborgenes Orchester; ich weiß nicht, welche Instrumente, Geigen und Harfen, Pauken und Trommeln es in mir spielen und dröhnen läßt. Ich kenne mich nur als Symphonie.   49 (27)

Auch wenn ich weiter keine Fähigkeit besäße, so besitze ich doch zumindest die Fähigkeit zur ständigen Erneuerung der befreiten Sinneswahrnehmung.   62 (49)

Als ich heute die Rua Nova do Almada hinunterging, fiel mir auf einmal der Rücken des Mannes auf, der sie vor mir hinunterging. Es war der ganz gewöhnliche Rücken irgendeines Mannes, das Jackett eines bescheidenen Anzugs auf dem Rücken eines zufälligen Passanten. Er trug eine alte Aktentasche unter dem linken Arm und setzte im Rhythmus seines Gangs einen eingerollten Regenschirm, den er am Griff in der rechten Hand trug, auf den Boden auf.

Ich spürte plötzlich eine Art von Zärtlichkeit für diesen Menschen. Ich spürte für ihn die Zärtlichkeit, die man für die gesamte gewöhnliche Menschheit empfindet, für das Banal-Alltägliche des Familienoberhauptes, das zur Arbeit geht, für sein schlichtes und fröhliches Heim, für die heiteren und traurigen Vergnügungen, aus denen sein Leben notgedrungen besteht, für die Unschuld eines Lebens ohne Analyse, für die tierische Natürlichkeit dieses bekleideten Rückens.

Ich schaute auf den Rücken des Mannes wie auf ein Fenster, durch das hindurch ich diese Gedanken erblickte.

Die Empfindung glich genau derjenigen, die uns vor einem Schlafenden überkommt. Jeder Schläfer wird von neuem zum Kind. Vielleicht weil man im Schlaf nichts Böses tun kann und das Leben nicht bemerkt, ist der größte Verbrecher, der verschlossenste Egoist dank einer natürlichen Magie geheiligt, so lange er schläft. Zwischen dem Mord an einem Schlafenden und dem Mord an einem Kind kenne ich keinen merklichen Unterschied.

Nun, der Rücken dieses Mannes schläft. Seine ganze Person, die vor mir mit einem dem meinigen gleichen Schritt einhergeht, schläft. Er geht unbewußt. Er lebt unbewußt. Er schläft, weil wir alle schlafen. Das ganze Leben ist ein Traum. Niemand weiß, was er tut, niemand weiß, was er will, niemand weiß, was er weiß. Wir verschlafen das Leben, ewige Kinder des Schicksals. Deshalb verspüre ich, wenn ich mit diesem Empfinden denke, eine gestaltlos unermeßliche Zärtlichkeit für die ganze kindliche Menschheit, für das ganze schlafende Leben in der Gesellschaft, für alle, für alles.

Eine unmittelbare Verbundenheit mit der Menschheit ohne Schlußfolgerungen und ohne Absichten überfällt mich in diesem Augenblick. Ich ertrage eine Zärtlichkeit, als könne ein Gott sehen. Ich sehe sie alle mit dem Mitgefühl des einzig Bewußten an, die armen Teufel, die Menschen, den armen Teufel Menschheit. Was hat all das hier zu suchen?

Alle Regungen und Absichten des Lebens, vom einfachen Leben der Lungen bis zum Bau von Städten und der Grenzziehung von Imperien, betrachte ich als eine Schlafbefangenheit, als Dinge wie Träume oder Ruhelagen, die unfreiwillig im Zwischenraum zwischen der einen Wirklichkeit und einer anderen, zwischen einem Tag und einem anderen Tag des Absoluten verbracht werden. Und wie voller abstrakter Mütterlichkeit beuge ich mich des Nachts über die bösen wie über die guten Kinder, die gleich geworden sind im Schlaf, in dem sie mir gehören. Ich verspüre Rührung in der vollen Breite der Unendlichkeit.

Ich wende die Augen vom Rücken des Mannes vor mir ab und schaue all die übrigen an, die auf dieser Straße einhergehen; alle umfasse ich hellwach mit der gleichen absurden, kalten Zärtlichkeit, die vom Rücken des unbewußten Mannes, hinter dem ich herschreite, auf mich zukam. Dies alles ist dasselbe wie er; all diese Mädchen, die für ihr Atelier reden, diese jungen Angestellten, die für ihr Büro lachen, diese vollbusigen Dienstmädchen, die mit ihren schweren Einkäufen nach Hause gehen, diese Lastträger – das alles ist die gleiche Unbewußtheit, mannigfaltig dank unterschiedlichen Gesichtern und Körpern, wie Marionetten, an Drähten gezogen, die zu den gleichen Fingern in der Hand eines Unsichtbaren führen. Sie ziehen mit allen Gebarungen vorüber, mit denen sich das Bewußtsein bestimmt, und haben kein Bewußtsein von irgend etwas, weil ihnen nicht bewußt ist, daß sie ein Bewußtsein besitzen. Die einen intelligent, die anderen dumm, sind sie alle gleichermaßen dumm. Die einen alt, die anderen jung, gehören sie doch der gleichen Altersgruppe an. Die einen Männer, die anderen Frauen, gehören sie zum gleichen Geschlecht, das nicht existiert.

71
(93)
31.5.1932

Nicht auf den breiten Feldern oder in den großen Gärten sehe ich den Frühling anbrechen. Sondern auf den wenigen armseligen Bäumen eines kleinen städtischen Platzes. Dort hebt sich das Grün ab wie ein Geschenk und ist heiter wie eine rechte Traurigkeit.

Ich liebe diese einsamen Plätze, die sich zwischen Straßen mit geringem Verkehr schieben und selbst noch verkehrsärmer als diese Straßen sind. Es sind nutzlose Lichtungen, Dinge im Zustand der Erwartungen, zwischen fernen Tumulten. Sie sind Dorf in der Stadt.

Ich überquere sie, steige irgendeine der Nachbarstraßen empor und dann gehe ich diese Straße wieder hinunter, um zu dem Platz zurückzukehren. Von der anderen Seite aus betrachtet ist er ein anderer, doch der gleiche Friede vergoldet mit plötzlicher Sehnsucht – Sonne im Untergang – die Seite, die ich bei meiner Ankunft nicht beachtet hatte.

Alles ist unnütz, und ich empfinde es auch so. Was ich erlebt habe, ist mir entfallen, als ob ich es ganz zerstreut angehört hätte. Was ich sein werde, kommt mir nicht in den Sinn, so als ob ich es erlebt und wieder vergessen hätte.

Ein Sonnenuntergang aus leichtem Schmerz schwebt verschwommen um mich her. Alles kühlt ab, nicht weil es kühler würde, sondern weil ich in eine enge Straße eingebogen bin und der Platz hinter mir liegt.

Nicht die Liebe, wohl aber ihr Umfeld lohnt die Bemühung ...

Die Zurückdämmung der Liebe erhellt ihre Phänomene mit größerer Klarheit als die Liebeserfahrung. Es gibt eine Jungfräulichkeit von hohen Verstehensgraden. Handeln entschädigt, aber verwirrt. Besitzen heißt besessen werden und sich deshalb verlieren. Nur die Idee erlangt, ohne Schaden zu nehmen, die Kenntnis der Wirklichkeit.

25.7.1930

Wir lieben niemals irgend jemanden. Wir lieben ganz allein die Vorstellung, die wir uns von jemandem machen. Unsere eigene Meinung – letztlich also uns selbst – lieben wir.

Das gilt für die ganze Skala der Liebe. In der sexuellen Liebe suchen wir unseren Genuß, der mit Hilfe eines fremden Körpers zustandekommt. In der von der sexuellen Liebe unterschiedenen Liebe suchen wir unseren Genuß vermittels einer eigenen Vorstellung. Der Onanist ist verwerflich, aber, wenn man genauer hinsieht, ist der Onanist der vollkommene logische Ausdruck des Liebenden. Er ist der einzige, der sich nichts vormacht und sich nicht betrügt.

Die Beziehungen zwischen zwei Seelen vermittels so ungewisser und divergierender Dinge, wie es die üblichen Wörter und Gesten sind, sind stofflich von sonderbarer Komplexität. Sogar in der Kunst, uns zu erkennen, verkennen wir uns. Beide sagen »ich liebe dich« oder denken und fühlen es im Austausch, und jeder von ihnen will eine andere Vorstellung, ein anderes Leben aussagen, ja sogar vielleicht eine andere Farbe oder einen anderen Duft innerhalb der abstrakten Summe von Eindrücken, welche die Tätigkeit der Seele ausmacht.

Ich bin heute so klarsichtig, als ob ich nicht existierte. Mein Denken liegt zutage wie ein Skelett oder die fleischlichen Fetzen der Illusion des Ausdrucks. Und diese Betrachtungen, die ich anstelle und wieder fallenlasse, sind aus nichts entstanden – jedenfalls aus nichts, was im Parkett meines Bewußtseins vorhanden wäre. Vielleicht wurden sie ausgelöst durch den Liebeskummer des Kassierers, vielleicht durch irgendeinen Satz, den ich in der Zeitung über die Liebesabenteuer irgendwelcher Ausländer gelesen habe, vielleicht sogar durch das unbestimmte Ekelgefühl, das ich mit mir herumtrage und physisch nicht ausgespien(?) habe...

Der Kommentator Vergils hat falsch formuliert. Es muß heißen, daß wir uns vor allem ermüden. Leben heißt nicht denken.

120 Unser Leben so organisieren, daß es für die Mitmenschen
(202) ein Geheimnis bleibt, daß, wer uns am besten kennt, uns lediglich aus größerer Nähe verkennt als alle übrigen. Ich habe mein Leben so eingerichtet, fast ohne daran zu denken, aber ich habe so große instinktive Kunst darauf verwendet, daß ich mir selber zu einer nicht völlig klaren und deutlichen Individualität geworden bin.

122 Ich erhebe mich mit einer ungeheuren Anstrengung vom
(123) Stuhl, aber ich habe den Eindruck, daß ich ihn mit mir herumtrage und daß er gewichtiger ist, weil es der Stuhl meiner Subjektivität ist.

195 Die unmittelbare Erfahrung ist Ausflucht oder Versteck
(413) derjenigen, die phantasielos sind.

Wenn ich von den Wagnissen lese, die der Tigerjäger auf sich genommen hat, habe ich alles an Wagnissen kennengelernt, was die Mühe lohnt, außer dem Wagnis selber, das so wenig die Mühe lohnte, daß es vorübergegangen ist.

Die Männer der Tat sind die unfreiwilligen Sklaven der verstehenden Menschen. Die Dinge haben nur Wert in der Auslegung. Einige schaffen also Dinge, damit die anderen sie in Leben verwandeln, indem sie sie in Bedeutung umsetzen. Erzählen heißt schaffen, denn leben bedeutet nur gelebt werden.

Der Mensch darf sein eigenes Gesicht nicht sehen können. Das ist das Allerschlimmste. Die Natur verlieh ihm die Gabe, sein Gesicht ebenso wie seine eigenen Augen nicht ansehen zu können.

Nur im Wasser der Flüsse und Seen konnte er sein Antlitz erblicken. Und die Stellung, die er dabei einnehmen mußte, war symbolisch. Er mußte sich bücken, sich niederbeugen, um die Schmach zu begehen, sich anzuschauen.

Der Schöpfer des Spiegels hat die menschliche Seele vergiftet.

Die gemeinste aller Notwendigkeiten – die vertrauliche Mitteilung, das Geständnis. Es ist die Notwendigkeit der Seele, sich nach außen zu stülpen.

Litanei

Wir verwirklichen uns nie.

Wir sind zwei Abgründe – ein Brunnen, der den Himmel anstarrt.

234 Schreiben heißt vergessen. Die Literatur ist die angenehmste
(505) Art und Weise, das Leben zu ignorieren. Die Musik wiegt
ein, die visuellen Künste beleben, die lebendigen Künste
(wie Tanz oder Theaterspielen) unterhalten. Die erste jedoch entfernt sich vom Leben, weil sie aus ihm einen Traum
macht; die zweiten hingegen entfernen sich nicht vom Leben – die einen, weil sie sichtbare und mithin vitale Formeln
verwenden, andere, weil sie vom menschlichen Leben selber leben.

Das ist nicht der Fall der Literatur. Sie simuliert das Leben. Ein Roman ist die Geschichte dessen, was niemals gewesen ist, und ein Drama ist ein Roman ohne Erzählkunst.
Ein Gedicht ist der Ausdruck von Ideen oder Gefühlen in
einer Sprache, die niemand verwendet, denn niemand
spricht sich in Versen aus.

Octavio Paz

# Fernando Pessoa
## Der sich selbst Unbekannte

Dichter haben keine Biographie. Ihr Werk ist ihre Biographie. Pessoa, der an der Wirklichkeit dieser Welt stets zweifelte, würde es wohl ohne zu zögern gutheißen, wenn ich mich direkt seinen Gedichten zuwendete und die Umstände und Zwischenfälle seines Erdenlebens außer acht ließe. Nichts in seinem Leben ist außergewöhnlich – nichts, außer seine Gedichte. Ich glaube nicht, daß sein »Fall« – man kommt nicht darum herum, dieses widerwärtige Wort zu gebrauchen – sie erklärt; ich glaube jedoch, daß im Licht seiner Gedichte sein »Fall« aufhört, einer zu sein. Sein Geheimnis ist übrigens in seinem Namen beschlossen: *Pessoa* bedeutet im Portugiesischen Person und kommt von *persona,* der Maske der römischen Schauspieler. Maske, Scheinperson, niemand: Pessoa. Seine Geschichte könnte man reduzieren auf das Hin und Her zwischen der Irrealität seines täglichen Lebens und der Realität seiner Fiktionen. Diese Fiktionen sind die Dichter Alberto Caeiro, Álvaro de Campos, Ricardo Reis und vor allem Fernando Pessoa selbst. Es ist daher nicht unnütz, an die wichtigsten Fakten seines Lebens zu erinnern, doch sollte man sich stets vor Augen halten, daß es sich um die Spuren eines Schattens handelt. Der wahre Pessoa ist ein anderer.

Er wird 1888 in Lissabon geboren. Im Kindesalter wird er durch den Tod seines Vaters Halbwaise. Seine Mutter heiratet wieder; 1896 übersiedelt sie mit ihren Kindern nach Durban, Südafrika, wohin ihr zweiter Mann als Konsul Portugals geschickt worden war. Englische Erziehung. Der angelsächsische Einfluß auf Denken und Werk des zweisprachigen Dichters bleibt beständig. 1905, als er die Universität von Kapstadt besuchen will, muß er nach Portugal zurückkehren. 1907 verläßt er die Philosophische Fakultät der Universität von Lissabon und gründet eine Druckerei. Ein Mißerfolg. Dieses Wort wird in seinem Leben öfter vorkommen. Er arbeitet hinfort als »Auslandskorrespondent«, das heißt als ambulanter Verfasser von Geschäftsbriefen in Englisch und Französisch, eine bescheidene Tätigkeit, mit der er fast sein ganzes Leben lang sein Brot verdienen wird. Einmal öffnen sich ihm, wenn auch mit Zurückhaltung, die Tore einer Universitätslaufbahn; mit dem Stolz der Schüchternen lehnt er das Angebot ab. Ich sagte *Zurückhaltung* und *Stolz,* vielleicht hätte ich sagen sollen *Unlust* und *Realitätssinn:* 1932 bewirbt er sich um den Posten eines Archivars in einer Bibliothek und wird abgewiesen. Doch es gibt keine Rebellion in seinem Leben: gerade nur eine an Verachtung grenzende Bescheidenheit.

Seit seiner Rückkehr aus Afrika verläßt er Lissabon nicht mehr. Zuerst wohnt er in einem alten Haus zusammen mit einer altjüngferlichen Tante und einer verrückten Großmutter; danach bei einer anderen Tante; eine Zeitlang auch bei seiner Mutter, die erneut Witwe geworden ist; und die restlichen Jahre wohnt er mal hier, mal dort. Mit seinen Freunden trifft er sich auf der Straße und im Café. Einsamer Trinker in Tavernen und Wirtshäusern der Altstadt. Weitere Details? 1916 plant er, sich als Astrologe niederzulassen. Der Okkultismus hat seine Gefahren, und einmal sieht sich Pessoa in eine Sache verwickelt, die die Polizei gegen den englischen Magier und »Sataniker« Aleister Crowley angezettelt hatte, der auf der Durchreise in Lissabon nach Adepten für seinen erotisch-mystischen Orden suchte. 1920 verliebt er sich, zumindest glaubt er das, in ein Ladenmädchen; das Verhältnis dauert nicht lange: »Mein Schicksal«, schreibt er in einem Abschiedsbrief, »gehorcht einem anderen Gesetz, dessen Existenz Sie nicht einmal ahnen...« Von anderen Liebschaften weiß man nicht. Es gibt eine Unterströmung schmerzlicher Homosexualität in der *Ode Marítima* (Meeres-Ode) und in der *Saudaçao a Walt Whitman* (Gruß an Walt Whitman), große Gedichte, eine Ankündigung derer, die fünfzehn Jahre später García Lorca als *Poeta en Nueva York* (Dichter in New York) schreiben sollte. Doch Álvaro de Campos, professioneller Provokateur, ist nicht der ganze Pessoa. Es gibt andere Dichter in Pessoa. Da er »züchtig« ist, sind alle seine Leidenschaften imaginär; besser gesagt, sein großes Laster ist die Imagination. Deshalb rührt er sich nicht vom Stuhl. Und es gibt noch einen Pessoa, der weder dem Alltagsleben noch der Literatur gehört: der Jünger, der Initiierte. Über diesen Pessoa kann und soll nichts gesagt werden. Offenbarung, Täuschung, Selbsttäuschung? Alles zusammen, vielleicht. Pessoa, wie der Meister in einem seiner hermetischen Sonette, *weiß und schweigt*.

Anglomane, kurzsichtig, höflich, scheu, schwarzgekleidet, zurückhaltend und schlicht, ein Kosmopolit, der den Nationalismus predigt, *feierlicher Erforscher nichtiger Dinge*, ein Humorist, der nie lächelt und uns das Blut in den Adern gefrieren läßt, Erfinder anderer Dichter und Zerstörer seiner selbst, Verfasser von Paradoxen, die so klar sind wie Wasser und wie dieses atemberaubend: *sich verstellen heißt, sich erkennen*, ein geheimnisvoller Mensch, der das Geheimnis nicht kultiviert, geheimnisvoll wie der Mond am Mittagshimmel, das schweigsame Phantasma des portugiesischen Mittags: wer ist Pessoa? Pierre Hourcade, der ihn gegen Ende seines Lebens kennenlernte, schreibt: »Nie wagte ich es, wenn ich mich von ihm verabschiedete, mich noch einmal umzudrehen; ich hatte Angst zu sehen, wie er sich verflüchtigt, in Luft auflöst.« Habe ich etwas vergessen? Er starb 1935 in Lissabon an einer Leberkolik. Er hinterließ drei Bändchen mit Gedichten in englischer Sprache, einen schmalen Band mit portugiesischen Gedichten und eine Truhe voller Manuskripte. Noch sind nicht alle seine Werke veröffentlicht.

Sein öffentliches Leben, irgendwie muß man es ja nennen, verläuft im Halbdunkel. Literatur der Randzone, eines schlecht beleuchteten Gebiets, in dem sich – Verschwörer oder Mondsüchtige? – die undeutlichen Gestalten Álvaro de Campos, Ricardo Reis und Fernando Pessoa bewegen. Augenblicksweise geraten sie ins Schweinwerferlicht des Skandals und der Polemik. Danach wieder Dunkel. Die Fast-Anonymität und die Fast-Berühmtheit. Jeder kennt den Namen Fernando Pessoa, doch wenige wissen, wer er ist und was er macht. Ansehen eines Schriftstellers in Portugal, Spanien und Hispanoamerika bedeutet in der Praxis: »Ihr Name kommt mir so bekannt vor, sind Sie nicht Journalist oder Filmregisseur?« Ich vermute, daß Pessoa eine solche Verwechslung gar nicht unangenehm war. Er kultivierte sie eher noch. Zeiten hektischer literarischer Tätigkeit, gefolgt von Perioden der Unlust. Wird er von der Arbeitswut auch nur selten und anfallsweise gepackt – Handstreiche, um die paar Leute der offiziellen Literatur in Schrecken zu versetzen –, ist er in seiner einsamen Arbeit doch beharrlich. Wie alle großen Faulenzer verbringt er sein Leben damit, Verzeichnisse von Werken aufzustellen, die er nie schreiben wird; und wie es bei Willensschwachen ebenfalls vorkommt, wenn sie nur leidenschaftlich und einfallsreich sind, schreibt er, um nicht zu platzen, um nicht verrückt zu werden, fast verstohlen, am Rande seiner großen Pläne jeden Tag ein Gedicht, einen Artikel, eine Betrachtung. Zerstreuung und Anspannung. Alles trägt denselben Stempel: diese Texte wurden aus zwingender Notwendigkeit geschrieben. Und eben das, die Notwendigkeit, unterscheidet einen echten Schriftsteller von einem, der nur Talent hat.

Seine ersten Gedichte schreibt er zwischen 1905 und 1908 in Englisch. In jener Zeit las er Milton, Shelley, Keats, Poe. Später entdeckt er Baudelaire und verkehrt mit mehreren »portugiesischen Subpoeten«. Nur allmählich kehrt er zu seiner Muttersprache zurück, obgleich er nie aufhören wird, in Englisch zu schreiben. Bis 1912 wiegt der Einfluß der symbolistischen Dichtung und des »Saudosismo« (Erinnerungskult) vor. In diesem Jahr veröffentlicht er seine ersten Arbeiten in der Zeitschrift *A Águia* (Der Adler), dem Organ der »portugiesischen Renaissance«. Seine Mitarbeit bestand in einer Artikelserie über die portugiesische Poesie. Es ist für Pessoa typisch, daß er sein Schriftstellerdasein als Literaturkritiker beginnt. Nicht minder bezeichnend ist der Titel eines seiner Texte: *Na Floresta do Alheamento* (Im Wald der Entfremdung). Das Thema der Entfremdung und der Suche nach sich selbst, im verzauberten Wald oder in der abstrakten Stadt, ist mehr als ein Thema: es ist der Stoff seines Werkes. In diesen Jahren ist er auf der Suche nach sich selbst; bald wird er sich erfinden.

Im Jahre 1913 lernt er zwei junge Männer kennen, die in dem kurzen futuristischen Abenteuer seine treuesten Gefährten sein werden: den Maler Almada Negreira und den Dichter Mario de Sá-Carneiro. Weitere Freundschaften: Armando Côrtes-Rodrigues, Luis de Montaevor, José Pacheco. Noch gefangen vom Zauber der »dekadenten« Poesie, versuchen diese jungen Leute vergebens, die symbolistische Richtung zu erneuern. Pessoa erfindet den »Paulismo«. Und plötzlich, durch Sá-Carneiro, der in Paris lebt und mit dem er eine fieberhafte Korrespondenz führt, die Entdekkung des großen modernen Aufstands: Marinetti. Die Fruchtbarkeit des Futurismus ist unbestreitbar, obgleich sein Glanz später durch die wiederholte Abdankung seines Gründers verblaßt ist. Die Bewegung fand sofort Widerhall, wahrscheinlich weil sie weniger eine Revolution, denn eine Meuterei war. Sie war der erste Funke, der Funke, der das Pulverfaß zur Explosion brachte. Der Brand breitete sich schnell aus, von einem Ende Europas zum anderen, von Moskau bis Lissabon. Drei große Dichter: Apollinaire, Majakowski und Pessoa. Das darauffolgende Jahr, 1914, sollte für den Portugiesen das Jahr der Entdeckung werden oder, genauer, das der Geburt: es erscheinen Alberto Caeiro und dessen Schüler, der Futurist Álvaro de Campos und der Klassizist Ricardo Reis.

Auf die Freisetzung der Heteronyme, ein inneres Ereignis, folgt die öffentliche Tat: *Orfeu:* die Explosion. Im April 1915 erscheint die erste Nummer der Zeitschrift; im Juli die zweite und letzte. Wenig? Eher zuviel. Die Gruppe war nicht homogen. Schon der Name »Orpheus« zeigt deutlich den symbolistischen Einschlag. Selbst bei Sá-Carneiro, trotz dessen Ungestüm, stellen die portugiesischen Kritiker fest, daß der »Decadentismo« fortdauert. Bei Pessoa ist die Spaltung eindeutig: Álvaro de Campos ist ein ganzer Futurist, während Fernando Pessoa immer noch ein »paulistischer« Dichter ist. Die Öffentlichkeit nahm die Zeitschrift mit Entrüstung auf. Die Texte von Sá-Carneiro und Campos bewirkten, daß die Journalisten, wie üblich, tobten. Auf die Beschimpfungen folgte der Spott; auf den Spott Schweigen. Der Kreis schloß sich. Ist etwas geblieben? In der ersten Nummer war die *Ode triunfal* (Triumph-Ode) erschienen; in der zweiten die *Ode marítima*. Die erste Ode ist ein Gedicht, das ungeachtet seiner Ticks und seiner Künsteleien bereits den direkten Ton von *Tabacaria* (Tabakladen) hat, die Erkenntnis der Gewichtlosigkeit des Menschen gegenüber dem Schwergewicht des gesellschaftlichen Lebens. Das zweite Gedicht ist mehr als nur das Feuerwerk der futuristischen Poesie: ein großer Geist deliriert mit lauter Stimme, und sein Schrei ist nie animalisch noch übermenschlich. Der Dichter ist kein »kleiner Gott«, sondern ein gefallener

Mensch. Die beiden Gedichte gemahnen eher an Whitman denn an Marinetti, an einen grüblerischen und negativen Whitman. Doch das ist noch nicht alles. Der Widerspruch ist System, bildet die Kohärenz seines Lebens: zur gleichen Zeit schreibt er *O Guardador de Rebanhos* (Der Hirte), ein postumes Buch von Alberto Caeiro, die latinisierenden Gedichte von Reis und *Epithalamium* und *Antinous,* »zwei meiner englischen Gedichte, sehr indezent und deshalb in England nicht zu veröffentlichen«.

Das Abenteuer *Orfeu* wird jäh unterbrochen. Angesichts der Angriffe der Journalisten, und wohl auch erschrocken über die Maßlosigkeit Álvaro de Campos', machen einige nicht mehr mit. Sá-Carneiro, immer unstet, kehrt nach Paris zurück. Ein Jahr darauf begeht er Selbstmord. 1917 ein neuer Versuch: die einzige Nummer von *Portugal Futurista,* herausgegeben von Almada Negreira, in der das *Ultimatum* von Álvaro de Campos erscheint. Es fällt heute schwer, diesen Schwall von Invektiven zu lesen, obgleich einige ihre heilsame Virulenz bewahrt haben: »D'Annunzio, Don Juan auf Patmos; Shaw, kalte Geschwulst des Ibsenismus; Kipling, Schrotthandel-Imperialist ...« Die Episode *Orfeu* endet mit der Auflösung der Gruppe und dem Tod eines ihrer Anführer. Man wird fünfzehn Jahre warten müssen, bis eine neue Generation kommt. Nichts ist daran ungewöhnlich. Das Erstaunliche ist das Auftreten der Gruppe, die ihrer Zeit und ihrer Gesellschaft voraus ist. Was wurde in diesen Jahren in Spanien und in Hispanoamerika geschrieben?

Die folgende Periode ist relativ glanzlos. Pessoa veröffentlicht zwei Bändchen mit englischen Gedichten, *35 Sonnets* und *Antinous* (beide 1918), die von der Londoner *Times* und vom *Glasgow Herald* sehr höflich und mit wenig Begeisterung besprochen werden. 1922 erscheint der erste Beitrag Pessoas für *Contemporânea,* eine neue literarische Zeitschrift: *O Banqueiro Anarquista* (Der anarchistische Bankier). In diesen Jahren auch hat er seine politischen Anwandlungen: Lobeshymnen auf den Nationalismus und das autoritäre Regime. Die Wirklichkeit öffnet ihm die Augen und nötigt ihn zum Widerruf: bei zwei Anlässen widersetzt er sich der Staatsgewalt, der Kirche und der Gesellschaftsmoral. Das erste Mal, um Antonio Botto zu verteidigen, den Autor von *Canções,* in denen die uranische Liebe besungen wird. Das zweite Mal opponiert er gegen den »Kampfbund der Studenten«, der unter dem Vorwand, mit der sogenannten »Sodom-Literatur« Schluß zu machen, das freie Denken verfolgte. Cäsar ist immer Moralist. Álvaro de Campos verteilt ein Flugblatt: *Aviso por causa da moral* (Ein Wort in Sachen Moral); Pessoa veröffentlicht eine Erklärung; und der Angegriffene, Raúl Leal, verfaßt das Flugblatt: *Uma lição de moral aos estudantes de Lisboa e o descaramento da Igreja Católica* (Eine Morallektion für die Studenten von Lissabon und die Dreistigkeit der katholischen Kirche). Der Schwerpunkt hat sich von der freien Kunst auf die Freiheit der Kunst verlagert. Unsere Gesellschaft ist so beschaffen, daß der schöpferische Mensch zur Heterodoxie und zur Opposition verurteilt ist. Der klarsichtige Künstler weicht dieser moralischen Gefahr nicht aus.

Im Jahre 1924 eine neue Zeitschrift: *Atena.* Sie bringt es nur auf fünf Nummern. Nie war ein zweiter Aufguß gut. In Wirklichkeit ist *Atena* eine Brücke zwischen *Orfeu* und den jungen Leuten von *Presença* (1927). Jede Generation wählt sich scheint's ihre eigene Tradition. Die neue Gruppe entdeckt Pessoa: endlich hat er Gesprächspartner gefunden. Zu spät, wie immer. Kurz darauf, ein Jahr vor seinem Tode, ereignet sich der groteske Zwischenfall: ein Dichter-Wettbewerb, ausgeschrieben vom Ministerium für Nationale Propaganda. Das Thema war natürlich ein Lied zum Ruhme der Nation und des Reiches. Pessoa schickt *Mensagem* (Botschaft), Gedichte, die eine »okkultistische« und symbolische

Interpretation der portugiesischen Geschichte sind. Das Buch muß die beamteten Juroren des Wettbewerbs in große Verlegenheit gebracht haben. Sie verliehen ihm den Preis »zweiter Klasse«. Es war sein letzter literarischer Versuch. Alles beginnt am 8. März 1914. Doch es ist besser, hier einen Auszug aus einem Brief Pessoas an einen der jungen Männer von *Presença,* Adolfo Casais Monteiro, zu zitieren: »Gegen 1912 kam ich auf den Gedanken, einige Gedichte heidnischer Art zu schreiben. Ich entwarf ein paar Sachen in freien Versen (nicht im Stil von Álvaro de Campos) und gab dann den Versuch auf. Doch im Halbdunkel sah ich verschwommen das Bild der Person, die diese Verse schrieb (ohne mein Wissen war Ricardo Reis geboren). Anderthalb oder zwei Jahre später kam ich auf den Einfall, Sá-Carneiro einen Streich zu spielen, einen etwas verzwickten bukolischen Dichter zu erfinden und ihn so zu präsentieren, ich weiß nicht mehr wie, als wäre er ein wirkliches Wesen. Ich verbrachte damit mehrere Tage, doch es wollte mir nicht gelingen. Eines Tages, als ich es schon aufgegeben hatte – es war der 8. März 1914 – stellte ich mich vor eine hohe Kommode, nahm einen Stapel Papier und begann im Stehen zu schreiben, wie ich das nach Möglichkeit immer tue. Und ich schrieb über dreißig Gedichte hintereinander, in einer Art von Ekstase, die ich nicht näher beschreiben kann. Es war der triumphale Tag meines Lebens, nie werde ich so einen noch einmal erleben. Ich begann mit einem Titel, *O Guardador de Rebanhos.* Und dann erschien jemand in mir, dem ich sofort den Namen Alberto Caeiro gab. Entschuldigen Sie das Absurde des Satzes: in mir war mein Meister erschienen. Das war mein unmittelbares Gefühl. Und es war so stark, daß ich, kaum waren die dreißig Gedichte geschrieben, auf einem neuen Blatt Papier, ebenfalls in einem Zuge *Chuva obliqua* (Schräger Regen) von Fernando Pessoa schrieb. Unmittelbar und bis zum Ende (...) Es war die Rückkehr von Fernando Pessoa-Alberto Caeiro zu Fernando Pessoa schlechthin. Oder besser: es war die Reaktion Fernando Pessoas auf seine Nichtexistenz als Alberto Caeiro (...) Als Caeiro erschienen war, versuchte ich sogleich, unbewußt und instinktiv, Schüler für ihn zu entdecken. Ich entriß den latent existierenden Ricardo Reis seinem falschen Heldentum, fand für ihn einen Namen und glich ihn sich selber an, denn in diesem Augenblick *sah* ich ihn schon. Und plötzlich, entgegengesetzter Herkunft zu Reis, tauchte gebieterisch noch eine Person auf. In einem Zug, ohne Unterbrechung noch Verbesserung, entstand die *Ode triunfal* von Álvaro de Campos. Die Ode mit diesem Namen und der Mensch mit seinem Namen.« Ich weiß nicht, was diesem Bekenntnis hinzuzufügen wäre.

Die Psychologie bietet uns verschiedene Erklärungen. Pessoa selbst, der sich für seinen Fall interessierte, findet zwei oder drei. Eine krude pathologische: »Wahrscheinlich bin ich ein neurasthenischer Hysteriker (...) und das erklärt recht oder schlecht den organischen Ursprung der Heteronyme.« Ich würde nicht sagen, »recht oder schlecht«, sondern kaum. Die Fragwürdigkeit dieser Hypothesen besteht nicht darin, daß sie falsch wären: sie sind unvollständig. Ein Neurotiker ist ein Besessener; ist derjenige, der seine psychischen Störungen meistert, ein Kranker? Der Neurotiker erleidet seine Obsessionen; der schöpferische Mensch wird ihrer Herr und wandelt sie um. Pessoa erzählt, daß er seit seiner Kindheit mit imaginären Personen lebte. (»Ich weiß natürlich nicht, ob sie es sind, die nicht existieren, oder ob ich es bin, der nicht existiert: in diesen Dingen dürfen wir nicht dogmatisch sein.«) Die Heteronyme sind umgeben von einer wabernden Menge von Halbwesen: der Barón de Teive; Jean Seul, französischer satirischer Journalist; Bernardo Soares, Gespenst des gespenstischen Vicente Guedes; Pacheco, eine blasse Kopie Campos'... Nicht alle sind

Schriftsteller: es gibt einen Mr. Cross, unermüdlicher Teilnehmer an den Wettbewerben in Silben- und Kreuzworträtseln der englischen Zeitschriften (ein unfehlbares Mittel, wie Pessoa glaubte, um reich zu werden), Alexander Search und andere. All das – wie seine Einsamkeit, sein heimlicher Alkoholismus und vieles andere – wirft ein Licht auf seinen Charakter, aber erklärt uns nicht seine Gedichte, worauf allein es uns ankommt.

Gleiches ist zu sagen von der »okkultistischen« Hypothese, zu der Pessoa, der viel zu kritisch ist, zwar nicht offen greift, doch auf die er immerhin anspielt. Bekanntlich verraten die Geister, die den Medien die Feder führen, auch wenn es die Geister von Euripides oder Victor Hugo sind, eine erstaunliche literarische Ungewandtheit. Manche Leute vermuten, daß es sich um eine »Mystifikation« handelt. Der Irrtum ist ein doppelt grober: weder ist Pessoa ein Lügner, noch ist sein Werk Schwindel. Der moderne Geist hat etwas schrecklich Vulgäres: Im wirklichen Leben dulden die Leute jede Art von schändlichen Wirklichkeiten, aber die Existenz der Fabel können sie nicht ertragen. Und eben das ist Pessoas Werk: eine Fabel, eine Fiktion. Wenn man vergißt, daß Caeiro, Reis und Campos dichterische Schöpfungen sind, vergißt man zuviel. Wie jede Schöpfung, wurden diese Dichter im Spiel geboren. Kunst ist Spiel – und anderes. Doch ohne Spiel gibt es keine Kunst.

Die Authentizität der Heteronyme hängt von ihrer poetischen Kohärenz, von ihrer Wahrscheinlichkeit ab. Sie waren notwendige Schöpfungen, andernfalls hätte Pessoa sein Leben nicht darauf verwandt, sie zu leben und zu erschaffen; was heute zählt, ist nicht, daß sie für ihren Autor notwendig gewesen sind, sondern ob sie das auch für uns sind. Pessoa, ihr erster Leser, zweifelte nicht an ihrer Wirklichkeit. Reis und Campos sagten Dinge, die er vielleicht nie gesagt haben würde. Indem sie ihm widersprachen, gaben sie ihm Ausdruck; indem sie ihm Ausdruck gaben, zwangen sie ihn, sich zu erfinden. Wir schreiben, um zu sein, was wir sind, oder um das zu sein, war wir nicht sind. In dem einen wie in dem anderen Fall suchen wir uns selbst. Und wenn wir das Glück haben, uns zu finden – ein Zeichen von Schöpfung –, werden wir entdecken, daß wir ein Unbekannter sind. Immer der andere, immer er, untrennbar mit uns verbunden und uns ein Fremder, mit deinem Gesicht und mit dem meinen, du immer bei mir und immer allein.

Die Heteronyme sind keine literarischen Masken: »Das, was Fernando Pessoa schreibt, gehört zwei Arten von Werken an, die wir orthonym und heteronym nennen könnten. Man kann nicht sagen, daß sie anonyme oder pseudonyme Werke sind, da sie es wirklich nicht sind. Das pseudonyme Werk ist das des Autors in Person, nur daß er es mit einem anderen Namen zeichnet; das heteronyme ist das des Autors, der seiner Person entäußert ist (...).« Gérard de Nerval ist das Pseudonym von Gérard Labrunie: dieselbe Person und dasselbe Werk; Caeiro ist ein Heteronym von Pessoa: es ist unmöglich, sie zu verwechseln. Auch der Fall Antonio Machado ist ein anderer. Abel Martín und Juan de Mairena sind nicht ganz und gar der Dichter Antonio Machado. Sie sind Masken, doch durchsichtige Masken: ein Text von Machado unterscheidet sich nicht von einem Text von Mairena. Zudem ist Machado von seinen Fiktionen nicht besessen, es sind keine Geschöpfe, die ihn heimsuchen, ihm widersprechen oder ihn negieren. Dagegen sind Caeiro, Reis und Campos die Helden eines Romans, den Pessoa nie geschrieben hat. »Ich bin ein dramatischer Dichter«, bekannte er in einem Brief an J. G. Simôes. Trotzdem ist die Beziehung zwischen Pessoa und seinen Heteronymen nicht gleich der des Dramatikers oder Romanciers zu seinen Personen. Er ist kein Erfinder von Dichter-Persönlichkeiten, sondern ein Schöpfer von Dichter-Werken. Das ist ein wesentlicher Unterschied. Wie A. Casais Monteiro sagt: »Er erfand die Biographien für die Werke und nicht die Werke für die Biographien.« Diese Werke und die im Hinblick auf sie, für oder gegen sie geschriebenen Gedichte Pessoas sind sein dichterisches Werk. Er selbst wird zu einem der Werke seines Werks. Und er hat nicht einmal das Vorrecht, der Kritiker dieser Clique zu sein: Reis und Campos behandeln ihn ziemlich herablassend; der Barón de Teide grüßt ihn nicht immer; Vicente Guedes, der Archivar, sieht ihm so ähnlich, daß er sich selbst ein wenig bemitleidet, wenn er ihn in einem Wirtshaus des Viertels trifft. Er ist der behexte Zauberer, von seinen Phantasmagorien so völlig besessen, daß er sich von ihnen beobachtet, gar verachtet oder bemitleidet fühlt. Unsere Werke beurteilen uns ...

*Alberto Caeiro ist mein Lehrmeister.* Diese Aussage ist der Prüfstein eines ganzen Werkes. Und man könnte hinzufügen, daß das Werk Caeiros die einzige positive Aussage ist, die Pessoa gemacht hat. Caeiro ist die Sonne, und um die kreisen Reis, Campos und Pessoa selbst. In ihnen allen gibt es Partikel der Negation oder der Irrealität: Reis glaubt an die Form, Campos an die Sinneswahrnehmung, Pessoa an die Symbole. Caeiro glaubt an nichts: er existiert. Die Sonne ist das von sich erfüllte Leben; die Sonne sieht nicht, denn alle ihre Strahlen sind Blicke, die sich in Wärme und Licht verwandelt haben; die Sonne hat kein Bewußtsein ihrer selbst, denn bei ihr sind Denken und Sein ein und dasselbe. Caeiro ist all das, was Pessoa nicht ist, und zudem all das, was kein moderner Dichter sein kann: der mit der Natur versöhnte Mensch. Der Mensch vor dem Christentum, gewiß, aber auch noch vor der Arbeit und vor der Geschichte. Vor dem Bewußtsein. Caeiro negiert durch die bloße Tatsache seiner Existenz nicht nur die symbolistische Ästhetik Pessoas, sondern alle Ästhetiken, alle Werte, alle Ideen.

Bleibt nichts? Alles bleibt, aber frei von den Phantasmen und Spinnweben der Kultur. Die Welt existiert, weil meine Sinne mir das sagen; und indem sie mir das sagen, sagen sie mir, daß auch ich existiere. Ja, ich werde sterben, und auch die Welt wird sterben, doch sterben heißt leben. Die Aussage Caeiros annulliert den Tod; indem er das Bewußtsein negiert, negiert er das Nichts. Er behauptet nicht, daß alles *ist,* denn das hieße, eine Idee zu vertreten; er sagt, daß alles *existiert.* Und mehr noch: er sagt, daß nur ist, was existiert. Alles übrige sind Täuschungen. Campos setzt dann das Tüpfelchen auf das i: »Mein Lehrmeister Caeiro war kein Heide; er war das Heidentum.« Ich würde sagen: ein Bild des Heidentums.

Caeiro hat kaum Schulen besucht.[1] Als er erfuhr, daß man ihn einen »materialistischen Dichter« nannte, wollte er wissen, was das für eine Lehre sei. Als er Campos' Erklärung hörte, war er zuhöchst verwundert: »Das ist eine Idee von Geistlichen ohne Religion! Sie sagen, sagen Sie, der Raum sei unendlich? In welchem Raum haben sie das gesehen?« Vor seinem verblüfften Schüler behauptete Caeiro, der Raum sei endlich: »Was keine Grenzen hat, existiert nicht...« Der andere entgegnete: »Und die Zahlen? Nach der 34 kommt die 35 und dann die 36 und so fort...« Caeiro sah ihn mitleidig an: »Aber das sind doch nur Zahlen!« und fuhr *mit umwerfender Kindlichkeit* fort: »Gibt es eine Zahl 34 etwa in der Wirklichkeit?« Eine andere Anekdote: Man fragte ihn: »Sind Sie mit sich selbst zufrieden?« Und er antwortete: »Nein, ich bin zufrieden.« Caeiro ist kein Philosoph, er ist ein Weiser. Die Denker haben Ideen: für den Weisen sind Leben und Denken nichts voneinander Geschiedenes. Deshalb ist es unmöglich, die Ideen Sokrates'

---

[1] In Lissabon 1889 geboren; starb dort 1915. Er verbrachte fast ein ganzes Leben in einem Landhaus in Ribatejo. Werke: *O Guardador de Rebanhos* (1911–1912); *O Pastor Amoroso; Poemas Inconjuntos* (1913–1915).

oder Laotses darzulegen. Sie hinterließen keine Lehren, sondern eine Handvoll Anekdoten, Rätsel und Gedichte. Chuang Tzu, redlicher als Platon, will uns keine Philosophie vermitteln, sondern ein paar kurze Geschichten erzählen: die Philosophie ist von der Erzählung untrennbar, sie ist Erzählung. Die Lehre des Philosophen reizt zur Widerlegung; das Leben des Weisen ist unwiderlegbar. Kein Weiser hat je verkündet, daß die Wahrheit erlernbar sei; alle, oder fast alle, haben gesagt, daß das einzige, wofür sich zu leben lohnt, die *Erfahrung* der Wahrheit ist. Caeiros schwacher Punkt sind nicht seine Idee (diese Schwäche ist eher seine Stärke), sondern die Irrealität der Erfahrung, die er zu verkörpern behauptet.

Adam in einem Landhaus der portugiesischen Provinz, ohne Frau, ohne Kinder und ohne Schöpfer: ohne Bewußtsein, ohne Arbeit und ohne Religion. Eine Sinnlichkeit unter Sinnlichkeiten, eine Existieren unter Existenzen. Hier und jetzt ist Stein Stein und Caeiro Caeiro. Danach wird jeder etwas anderes sein. Oder das gleiche. Gleiches oder Verschiedenes: alles ist gleich, da alles verschieden ist. Benennen heißt sein. Das Wort, mit dem er den Stein benennt, ist nicht der Stein, aber es ist geradeso wirklich wie der Stein. Caeiro will die Wesen nicht benennen, und deshalb sagt er uns nie, ob der Stein ein Achat oder ein Kiesel ist, ob der Baum eine Pinie oder eine Steineiche ist. Auch will er keine Beziehungen zwischen den Dingen herstellen; das Wort *wie* kommt in seinem Vokabular nicht vor. Jedes Ding ist in seine eigene Wirklichkeit vertieft. Wenn Caeiro spricht, so deshalb, weil der Mensch ein Lebewesen ist, das sprechen kann, so wie der Vogel ein Lebewesen ist, das fliegen kann. Der Mensch spricht wie der Fluß fließt oder der Regen fällt. Der unschuldige Dichter braucht die Dinge nicht zu benennen; seine Worte *sind* Bäume, Wolken, Spinnen, Eidechsen. Nicht die Spinnen, die ich sehe, sondern die, die ich sage. Caeiro wundert sich angesichts der Idee, daß die Wirklichkeit nicht greifbar sei: hier liegt sie vor uns, man braucht sie nur zu berühren. Man braucht nur zu sprechen.

Es wäre ein leichtes, Caeiro zu beweisen, daß die Wirklichkeit nie mit Händen zu greifen ist und daß wir sie erobern müssen (auch auf die Gefahr hin, daß sie sich in dem Augenblick, da wir sie erhaschen, verflüchtigt oder zu etwas anderem wird: Idee, Utensil). Der unschuldige Dichter ist ein Mythos, aber ein Mythos, der die Poesie begründet. Der wirkliche Dichter weiß, daß die Worte und die Dinge nicht das gleiche sind, und deshalb, um zwischen dem Menschen und der Welt wieder eine, sei es auch ungesicherte, Einheit herzustellen, benennt er die Dinge mit Bildern, Rhythmen, Symbolen und Vergleichen. Die Worte sind nicht die Dinge: sie sind die Brücken, die wir zwischen ihnen und uns schlagen. Der Dichter ist das Bewußtsein der Worte, das heißt, das Heimweh nach der wirklichen Wirklichkeit der Dinge. Doch auch die Worte waren Dinge, bevor sie Namen von Dingen wurden. Sie waren es im Mythos vom unschuldigen Dichter, das heißt, vor der Geburt der Sprache. Die opaken Worte des wirklichen Dichters evozieren das Sprechen vor der Geburt der Sprache, die geahnte paradiesische Übereinstimmung. Unschuldiges Sprechen: ein Schweigen, in dem nichts gesagt wird, weil alles gesagt ist, alles sich selbst sagt. Die Sprache des Dichters nährt sich von diesem Schweigen, das unschuldiges Sprechen ist. Pessoa, ein wirklicher Dichter und ein skeptischer Mensch, mußte einen unschuldigen Dichter erfinden, um seine eigene Poesie zu rechtfertigen. Reis, Campos und Pessoa sagen sterbliche und geschichtliche Worte, Worte des Untergangs und der Auflösung: sie sind die Vorahnung der Einheit oder das Heimweh nach ihr. Wir hören sie vor dem Hintergrund des Schweigens dieser Einheit. Es ist kein Zufall, daß Caeiro jung stirbt, noch bevor seine Schüler ihr Werk beginnen. Er ist ihre Grundlage, das Schweigen, das sie nährt.

Caeiro, der von den Heteronymen der Natürlichste und Schlichteste ist, ist der am wenigsten Wirkliche. Er ist es durch ein Übermaß an Wirklichkeit. Der Mensch, zumal der moderne Mensch, ist nicht ganz wirklich. Er ist kein kompaktes Seiendes wie die Natur oder die Dinge; das Bewußtsein seiner selbst ist seine substanzlose Wirklichkeit. Caeiro ist eine absolute Bejahung des Existierens, und deshalb scheinen uns seine Worte Wahrheiten einer anderen Zeit, jener Zeit, in der alles ein und dasselbe war. Sinnlich wahrnehmbare und unberührbare Gegenwart: sobald wir sie benennen, verflüchtigt sie sich! Die Maske der Unschuld, die Caeiro uns zeigt, ist nicht die Weisheit: weise sein heißt, sich mit dem Wissen abfinden, daß wir nicht unschuldig sind. Pessoa, der das wußte, war der Weisheit näher.

Das andere Extrem ist Álvaro de Campos.[2] Caeiro lebt in der zeitlosen Gegenwart der Kinder und der Tiere; der Futurist Campos im Augenblick. Für den ersteren ist sein Dorf die Mitte der Welt; der andere, Kosmopolit, hat keine Mitte; er lebt verbannt in diesem Nirgendwo, das überall ist. Trotzdem ähneln sie sich: beide kultivieren den freien Vers; beide tun dem Portugiesischen Gewalt an; beide verschmähen nicht die Prosaismen. Sie glauben nur an das, was sie berühren können, sie sind Pessimisten, sie lieben die konkrete Wirklichkeit, nicht jedoch ihresgleichen, sie verachten

---

[2] Er wird am 15. Oktober 1890 in Tariva geboren. Das Datum stimmt mit seinem Horoskop überein, sagt Pessoa. Jüdischer Abstammung. Besuch des Gymnasiums; anschließend in Glasgow Ausbildung zum Schiffsbauingenieur. Reisen in den Orient. Künstliche und andere Paradiese. Verfechter einer nicht-aristotelischen Ästhetik, die er bei drei Dichtern verwirklicht sieht: bei Whitman, Caeiro und bei sich selbst. Trug ein Monokel. Jähzornig, gefühllos.

die Ideen und leben außerhalb der Geschichte, der eine in der Fülle des Seins, der andere im äußersten Mangel an Sein. Caeiro, der unschuldige Dichter, ist das, was Pessoa nicht sein konnte; Campos, der vagabundierende Dandy, was er hätte sein können, aber nicht war. Sie sind Pessoas unmögliche Lebensmöglichkeiten.

Campos' erstes Gedicht ist von trügerischer Originalität. Die *Ode triunfal* ist dem Anschein nach ein brillantes Echo Whitmans und der Futuristen. Doch sobald man dieses Gedicht mit jenen vergleicht, die in denselben Jahren in Frankreich, Rußland und anderen Ländern geschrieben wurden, wird man den Unterschied gewahr.[3] Whitman glaubte tatsächlich und fest an den Menschen und an die Maschinen; besser gesagt, er glaubte, daß der *natürliche Mensch* mit den Maschinen nicht unvereinbar sei. Sein Pantheismus umfaßte auch die Industrie. Die meisten seiner Nachkommen hegen solche Illusionen nicht. Einige sehen in den Maschinen ein wunderbares Spielzeug. Ich denke an Valéry Larbaud und seinen Barnabooth, der mit Álvaro de Campos mehr als eine Ähnlichkeit besitzt.[4] Die Einstellung Larbauds zur Maschine ist epikureisch; die der Futuristen visionär. Sie betrachten sie als Mittel zur Vernichtung des falschen Humanismus, allerdings auch des *natürlichen Menschen*. Sie wollen die Maschine nicht vermenschlichen, sondern eine ihr ähnliche

---

[3] Im Spanischen gab es bis zur Generation von Lorca und Neruda nichts Vergleichbares. Es gab lediglich die Prosa des großen Ramón Gómez de la Serna. In Mexiko war ein zaghafter Anfang zu verzeichnen, doch nur ein Anfang: Tablada. Erst 1918 entsteht die moderne Poesie spanischer Sprache wirklich. Doch ihr Initiator, Vicente Huidobro, ist ein Dichter mit einem ganz anderen Ton.

[4] Es scheint mir geradezu unmöglich, daß Pessoa das Buch von Larbaud nicht gekannt hat. Die endgültige Ausgabe von *Barnabooth* erschien 1913, dem Jahr des intensiven Briefwechsels mit Sá-Carneiro. Ein merkwürdiges Detail: Larbaud besuchte Lissabon im Jahre 1926; Gómez de la Serna, der damals dort lebte, stellte ihn den jungen Schriftstellern vor, die ihm ein Bankett gaben. In dem Bericht, den er über diese Episode schrieb *(Lettre de Lisbonne, in Jaune bleu blanc)*, spricht Larboud lobend von Almada Negreira, doch Pessoa erwähnt er nicht. Kannten sie sich?

neue Gattung Mensch schaffen. Ausgenommen vielleicht Majakowski, doch selbst er ... Die *Ode triunfal* ist weder epikureisch noch romantisch noch triumphal: sie ist ein Gesang des Zorns und der Niederlage. Und darauf beruht ihre Originalität.

Eine Fabrik ist »eine tropische Landschaft«, bevölkert mit riesigen lasziven wilden Tieren. Eine endlose Hurerei von Rädern, Kolben und Rollen. In dem Maße wie der mechanische Rhythmus schärfer wird, verwandelt sich das Paradies aus Eisen und Elektrizität in eine Folterkammer. Die Maschinen sind Geschlechtsorgane der Zerstörung: Campos möchte von diesen rasenden Propellern zerfetzt werden. Diese seltsame Vision ist nicht so phantastisch, wie es scheint, und nicht nur eine Obsession von Campos. Die Maschinen sind Nachbildung, Vereinfachung und Vervielfachung der Lebensprozesse. Sie bezaubern uns und erfüllen uns mit Entsetzen, weil sie uns zugleich das Gefühl von Intelligenz und Unbewußtsein geben: alles, was sie machen, machen sie gut, doch sie wissen nicht, was sie machen. Ist nicht dies ein Bild des modernen Menschen? Doch die Maschinen sind nur eine Seite der heutigen Zivilisation. Die andere ist die gesellschaftliche Promiskuität. Die *Ode triunfal* endet mit einem Aufschrei; in ein Bündel, eine Kiste, ein Paket, ein Rad verwandelt, verliert Álvaro de Campos den Gebrauch des Wortes: er zischt, er kreischt, er klappert, er hämmert, er knattert, er birst. Das Wort Caeiros evoziert die Einheit des Menschen, des Steins und des Insekts; das Campos' das zusammenhanglose Geräusch der Geschichte. Pantheismus und Panmaschinismus, zwei Möglichkeiten, das Bewußtsein zu vernichten.

*Tabacaria* ist das Gedicht des wiedererlangten Bewußtseins. Caeiro fragt sich, was bin ich?; Campos: wer bin ich? Von seinem Zimmer aus betrachtet er die Straße: Autos, Passanten, Hunde, alles wirklich und alles hohl, alles ganz nah und dabei so fern. Gegenüber, selbstsicher wie ein Gott, änigmatisch lächelnd wie ein Gott, sich die Hände reibend wie Gott Vater nach seiner entsetzlichen Schöpfung, taucht der Besitzer des Tabakladens auf und verschwindet wieder. Da kommt in seine Kramladen-Tempel-Höhle Esteva, der Unbekümmerte, Esteva *ohne Metaphysik,* der spricht und ißt, der Gefühle hat und politische Meinungen und der die gebotenen Feiertage einhält. Von seinem Fenster, seinem Bewußtsein, aus betrachtet sich Campos die beiden Marionetten und, sie sehend, sieht er sich selbst. Wo ist die Wirklichkeit: in mir oder Esteva? Der Inhaber des Tabakladens lächelt und antwortet nicht. Als futuristischer Dichter behauptet Campos zuerst, daß die einzige Wirklichkeit die Sinnesempfindung ist, ein paar Jahre später fragt er sich, ob er selbst irgendeine Wirklichkeit besitzt.

Indem er das Bewußtsein seiner selbst annulliert, negiert Caeiro die Geschichte; jetzt ist es die Geschichte, die Campos negiert. Ein marginales Leben: seine Geschwister, wenn er welche hat, sind die Prostituierten, die Herumtreiber, der Dandy, der Bettler, das Gesindel der Unter- wie der Oberschicht. Seine Rebellion hat nichts zu tun mit den Ideen der Erlösung oder der Gerechtigkeit: *Nein: alles andere, nur keine Gründe haben! Alles, nur nicht die Menschheit wichtig nehmen! Alles, nur keine Menschenfreundlichkeit!* Campos rebelliert auch gegen die Idee der Rebellion. Sie ist keine Tugend, kein Bewußtseinszustand – sie ist das Bewußtsein eines Gefühls: »Ricardo Reis ist Heide aus Überzeugung; Antonio Mora aus Intelligenz; ich bin es aus Rebellion, das heißt, vom Temperament her.« Seine Sympathie für die Elenden ist gefärbt von Verachtung, doch diese Verachtung fühlt er vor allem für sich selbst:

Ich habe Sympathie für alle diese Leute,
Vor allem, wenn sie keine Sympathie verdienen.
Ja, auch ich bin Vagabund und aufdringlicher Bettler (...)
Ein Vagabund und Bettler sein heißt nicht, ein Vagabund und Bettler sein:
Es heißt, außerhalb der gesellschaftlichen Rangordnung stehen (...)
Heißt, kein Staatsanwalt, kein fester Angestellter, keine Prostituierte sein,
Kein Anwärter auf Armenrecht, kein ausgebeuteter Arbeiter,
Kein Kranker mit unheilbarem Leiden,
Keiner, der nach Gerechtigkeit dürstet, auch kein Hauptmann der Kavallerie,
Heißt, kurz und gut, nicht diese Gesellschaftsmenschen der Romanciers sein,
Die sich mit Buchstaben vollstopfen, weil sie Grund haben, Tränen zu weinen,
Und sich gegen die Gesellschaft auflehnen, weil sie den überschüssigen Verstand haben, das zu tun (...)

Ihre Streunerei und Bettelei sind durch keinen äußeren Umstand bedingt; sie sind Unheilbare ohne Erlösung. Ein solcher Herumtreiber sein heißt, *seelisch einsam sein*. Und weiter unten, mit dieser Brutalität, die Pessoas Ärgernis erregte: *Ich kann nicht einmal Zuflucht nehmen zu Meinungen über soziale Verhältnisse (...) Ich bin bei Verstand. Nichts da von Ästhetik mit Herz: ich bin bei Verstand. Scheiße! Ich bin bei Verstand.*

Das Bewußtsein der Verbannung ist seit anderthalb Jahrhunderten ein permanentes Merkmal der modernen Poesie. Gérard de Nerval gibt vor, Prinz von Aquitanien zu sein; Álvaro de Campos wählt die Maske des Vagabunden. Der Wandel ist aufschlußreich. Troubadour oder Bettler, was verbirgt diese Maske? Nichts vielleicht. Der Dichter ist das Bewußtsein seiner geschichtlichen Irrealität. Nur, wenn dieses Bewußtsein sich von der Geschichte zurückzieht, versinkt die Gesellschaft in ihrer eigenen Opakheit, sie wird Esteva oder der Besitzer des Tabakladens. Manch einer wird sagen, daß Campos' Einstellung nicht »positiv« ist. Auf solche Kritik entgegnete A. Casais-Monteiro: »Das Werk Pessoas ist *tatsächlich* ein negatives Werk. Es dient nicht als Vorbild, es lehrt weder zu regieren noch regiert zu werden. Es dient ganz im Gegenteil dazu, den Geist zum Ungehorsam zu erziehen.«

Campos ist nicht, wie Caeiro, darauf aus, alles zu sein, sondern alle zu sein und überall zu sein. Die Dispersion in die Pluralität bezahlt er mit dem Verlust der Identität. Ricardo Reis wählt die andere in der Poesie seines Lehrmeisters latente Möglichkeit.[5] Reis ist ein Eremit, wie Campos ein Vagabund ist. Seine Eremitage ist eine Philosophie und eine Form. Die Philosophie ist eine Mischung aus Stoizismus und Epikureismus. Die Form ist das Epigramm, die Ode und die Elegie der klassizistischen Dichter. Nur daß der Klassizismus eine Nostalgie ist, das heißt, eine Romantik, die nicht um sich weiß oder die sich maskiert. Während Campos seine langen Monologe schreibt, die der Introspektion immer näher sind als der Hymne, bosselt sein Freund Reis kleine Oden über die Freude, die Flucht der Zeit, die Rosen Lydias, die trügerische Freiheit des Menschen, die Eitelkeit der Götter. In einer Jesuitenschule erzogen, Arzt von Beruf, Monarchist, seit 1919 in Brasilien in der Verbannung lebend, Heide und Skeptiker aus Überzeugung, Latinist durch Erziehung, lebt Reis außerhalb der Zeit. Er

---

[5] In Oporto 1887 geboren. Er ist derjenige der Heteronyme, der am ehesten ein mediterraner Typ ist: Caeiro war blond und blauäugig; Compas »zwischen weiß- und dunkelhäutig«, groß, hager und von internationaler Erscheinung; Reis »mattbraun«, dem südlichen Spanier und Portugiesen schon ähnlicher. Die *Odes* sind nicht sein einziges Werk. Man weiß, daß er ein *Ästhetisches Streitgespräch zwischen Ricardo Reis und Álvaro de Campos* geschrieben hat. Seine kritischen Bemerkungen über Caeiro und Campos sind ein Muster von verbaler Genauigkeit und ästhetischem Verstand.

scheint, aber ist es nicht, ein Mann der Vergangenheit: er hat gewählt, in einer zeitlosen Weisheit zu leben. Cioran wies kürzlich darauf hin, daß unser Jahrhundert, das so viele Dinge erfunden hat, nicht geschaffen hat, was wir am nötigsten brauchen. So ist es denn nicht verwunderlich, daß einige in der östlichen Tradition danach suchen: im Taoismus, im Zen-Buddhismus: in Wirklichkeit erfüllen diese Lehren die gleiche Funktion wie die Moral-Philosophien am Ausgang der Antike. Reis' Stoizismus ist eine Möglichkeit, nicht in der Welt zu sein – und dabei in ihr zu bleiben. Seine politischen Anschauungen haben einen ähnlichen Stellenwert: sie sind kein Programm, sondern eine Negation der Umstände seiner Zeit. Er haßt Christus nicht, doch er liebt ihn auch nicht; er verabscheut das Christentum, obgleich er, schließlich ein Ästhet, im Hinblick auf Jesus zugibt, daß »seine schwermütige, schmerzliche Art uns etwas gegeben hat, das uns fehlte«. Reis' wahrer Gott ist das Schicksal, und alle, Menschen und Mythen, sind seiner Herrschaft unterworfen.

Reis' Form ist bewundernswert und eintönig, wie alles, was von kunstreicher Vollkommenheit ist. In diesen kleinen Gedichten bemerkt man, von der Vertrautheit mit den lateinischen und griechischen Originalen abgesehen, eine kluge, durch Destillation gewonnene Mixtur aus der lusitanischen Klassik und der ins Englische übersetzten *Anthologia Graeca*. Die Korrektheit seiner Sprache beunruhigte Pessoa: »Caeiro schreibt ein schlechtes Portugiesisch; Campos schreibt es hinlänglich gut, obgleich ihm Fehler unterlaufen und er zum Beispiel sagt, ›eu próprio‹ statt ›eu mesmo‹; Reis schreibt es besser als ich, doch mit einem Purismus, den ich für übertrieben halte.« Die somnambule Übertreibung Campos' schlägt ins Gegenteil um und wird zur übertriebenen Genauigkeit von Reis. Weder die Form noch die Philosophie rechtfertigen Reis: sie rechtfertigen ein Phantasma. Die

Wahrheit ist, daß auch Reis nicht existiert, und er weiß das. Klarsichtig, mit einer Klarsicht, die tiefer dringt als die erbitterte von Campos, betrachtet er sich:

> Ich weiß nicht, wessen sie ist, meine Vergangenheit,
> Die ich erinnere,
> Ein anderer war ich, auch erkenn' ich mich nicht,
> Wenn meine Seele
> Jene fremde erfühlt, die ich fühlend erinnere.
> Von Tag zu Tag verlassen wir uns,
> Nichts Gewisses, das uns mit uns verbindet,
> Wir sind, wer wir sind, und was
> Wir waren, ist etwas von innen Geschautes.

Das Labyrinth, in dem Reis sich verirrt, ist das seiner selbst. Der innere Blick des Dichters, etwas ganz anderes als Introspektion, rückt ihn in die Nähe Pessoas. Obgleich beide feste Versmaße und Formen benutzen, verbindet der Traditionalismus sie nicht, da sie verschiedenen Traditionen angehören. Was sie verbindet, ist das Gefühl der Zeit – nicht als etwas, das vor unseren Augen abläuft, sondern als etwas, wozu wir werden. Dem Augenblick verhaftet, affirmieren Caeiro und Campos freiweg das Sein und den Mangel an Sein. Reis und Campos verirren sich auf den Gebirgspfaden ihres Denkens, in einer Wegbiegung finden sie sich und, indem sie eins werden mit sich selbst, umarmen sie einen Schatten. Das Gedicht ist nicht der Ausdruck des Seins, sondern das Gedenken dieses Augenblicks der Einswerdung. Ein leeres Monument: Pessoa baut dem Unbekannten einen Tempel; Reis, der karger ist, schreibt ein Epigramm, das auch ein Epitaph ist:

> Mag das Verhängnis, außer ihn zu erblicken,
> Mir alles versagen: Stoiker ohne Härte,
> Des Schicksals eingemeißelten Spruch
> Genießen, Letter um Letter.

Álvaro de Campos zitierte einen Ausspruch von Ricardo Reis: *Ich hasse die Lüge, weil sie eine Ungenauigkeit ist.* Diese Worte könnte man auch auf Pessoa beziehen, vorausgesetzt, daß man Lüge nicht mit Imagination oder Genauigkeit mit Strenge verwechselt. Die Poesie von Reis ist präzis und einfach wie eine Linearzeichnung; die von Pessoa exakt und komplex wie die Musik. Komplex und mannigfaltig, geht sie in verschiedene Richtungen: die Prosa, die Poesie in Portugiesisch und die Poesie in Englisch (die französischen Gedichte kann man als irrelevant außer acht lassen). Die Prosaschriften, obgleich noch nicht vollständig veröffentlicht, lassen sich in zwei große Gruppen einteilen: die mit seinem Namen gezeichneten und die seiner Pseudonyme, insbesondere des Barón de Teive, verarmter Aristokrat, und Bernardo Soares', »Handlungsgehilfe«. An verschiedenen Stellen betont Pessoa, daß sie keine Heteronyme sind: »Beide schreiben in einem Stil, der, ob gut oder schlecht, der meine ist . . .« Es ist nicht unbedingt notwendig, sich mit den englischen Gedichten zu befassen; sie sind von literarischem und psychologischem Interesse, doch fügen sie der englischen Poesie, wie mir scheint, nicht viel hinzu. Das dichterische Werk in Portugiesisch, von 1902 bis 1935, umfaßt *Mensagem,* die lyrische Dichtung und die dramatischen Gedichte. Diese letzteren sind meines Erachtens von marginaler Bedeutung. Auch wenn man sie beiseite läßt, bleibt ein umfangreiches dichterisches Werk.

Ein erster Unterschied: die Heteronyme schreiben in einer einzigen Richtung und in einer einzigen zeitlichen Strömung. Pessoa gabelt sich wie ein Delta, und jeder seiner Arme bietet uns das Bild, die Bilder, eines Augenblicks. Die lyrische Dichtung verzweigt sich in *Mensagem,* den *Cancioneiro* (Liederbuch) (mit den noch nicht veröffentlichten und verstreuten Gedichten) und in die hermetischen Gedichte. Wie immer entspricht die Klassifizierung nicht der Wirklichkeit. *Cancioneiro* ist ein symbolistisches Buch, durchsetzt von Hermetismen, obgleich der Dichter nicht direkt zu den Bildern der okkulten Tradition greift. *Mensagem* ist vor allem ein Buch der Heraldik – und die Heraldik ist ein Zweig der Alchimie. Letztlich sind die hermetischen Gedichte in Form und Geist symbolistische; man braucht kein »Initiierter« zu sein, um zu ihnen Zugang zu finden, noch setzt ihr dichterisches Verständnis besondere Kenntnisse voraus. Diese Gedichte, wie sein übriges Werk, verlangen vielmehr ein tiefes und differenziertes Verständnis. Zu wissen, daß Rimbaud sich für die Kabbala interessierte und daß er Poesie mit Alchimie gleichsetzte, ist nützlich und bringt uns sein Werk näher; doch um wirklich in es einzudringen, brauchen wir etwas mehr und etwas weniger. Pessoa definierte dieses Etwas wie folgt: Zuneigung, Intuition, Intelligenz, Verständnis und, das Heikelste: Gnade. Mag sein, daß diese Aufzählung übertrieben erscheint. Doch ich sehe nicht, wie man ohne diese fünf Voraussetzungen Baudelaire, Coleridge oder Yeats wirklich lesen kann. Allerdings bietet die Poesie Pessoas weniger Schwierigkeiten als die Hölderlins, Nervals, Mallarmés ... Bei allen Dichtern der modernen Tradition ist die Poesie ein System von Symbolen und Analogien, entsprechend dem der hermetischen Wissenschaften. Ihm entsprechend, nicht mit ihm identisch: das Gedicht ist eine Konstellation von Zeichen, die ihr eigenes Licht haben.

Pessoa faßte *Mensagem* als ein *Ritual* auf; oder auch: als ein esoterisches Buch. Wenn man die äußere Perfektion in Betracht zieht, ist dieses sein vollkommenstes Werk. Aber es ist ein fabriziertes Buch, womit ich nicht sagen will, daß es unaufrichtig sei, sondern daß es aus den Spekulationen und nicht aus den Intuitionen des Dichters entstanden ist. Auf den ersten Blick ist es eine Hymne zum Ruhme Portugals und die Prophezeiung eines neuen Reiches (des Fünften), das nicht materiell sein wird, sondern geistig; seine Herrschaft wird sich über den geschichtlichen Raum und die geschichtliche Zeit hinaus erstrecken (ein mexikanischer Leser wird sofort an die »kosmische Rasse« von Vasconcelos gemahnt). Das Buch ist eine Galerie historischer und legendärer Personen, die ihrer überlieferten Wirklichkeit entrückt und in Allegorien einer anderen Tradition und einer anderen Wirklichkeit verwandelt werden. Vielleicht ohne sich seines Tuns voll bewußt zu sein, verflüchtigt Pessoa die Geschichte Portugals und stellt statt dessen eine andere, rein geistige dar, die deren Negation ist. Der esoterische Charakter von *Mensagem* verbietet uns, es als ein rein patriotisches Gedicht zu lesen, wie einige offizielle Kritiker das gern möchten. Man muß hinzufügen, daß ein Symbolismus es nicht einlöst. Damit die Symbole tatsächlich symbolkräftig werden, müssen sie aufhören zu symbolisieren, müssen sinnlich wahrnehmbar werden, lebendige Geschöpfe und keine musealen Embleme. Wie in jedem Werk, in dem mehr der Wille, denn die Inspiration im Spiel ist, gibt es in *Mensagem* wenige Gedichte, die diesen »Stand der Gnade« erreichen, der die Poesie vor der schönen Literatur auszeichnet. Doch diese wenigen leben in demselben magischen Raum der besten Gedichte des *Cancioneiro* und einiger seiner hermetischen Sonette. Es ist unmöglich zu beschreiben, worin dieser Raum besteht; für mich ist es der der Poesie schlechthin, ein wirkliches, greifbares Gebiet, das von einem *anderen* Licht erhellt wird. Es macht nichts, daß es wenige Gedichte sind. Benn sagte: *Keiner auch der großen Lyriker unserer Zeit hat mehr als sechs bis acht vollendete Gedichte hinterlassen (...) also um diese sechs Gedichte die dreißig bis fünfzig Jahre Askese, Leiden und Kampf.*

Der *Cancioneiro:* eine Welt aus wenigen lebendigen Wesen und vielen Schattengebilden. Es fehlt die Frau, die zentrale Sonne. Ohne Frau löst das Universum des sinnlich Wahrnehmbaren sich auf, es gibt weder festes Land, noch Wasser, noch Verkörperung des nicht Greifbaren. Es fehlen die schrecklichen Lüste. Es fehlt die Leidenschaft, diese Liebe, die Verlangen ist nach einem einzigen Sein, welches es auch sei. Da ist ein vages Gefühl der Brüderlichkeit mit der Natur: Bäume, Wolken, Steine, alles flüchtig, alles in einem zeitlichen Vakuum schwebend. Irrealität der Dinge, Abbild unserer Irrealität. Da ist Negation, Überdruß und Trostlosigkeit. In dem *Livro de Desassossêgo* (Buch der Unrast), von dem nur Bruchstücke bekannt sind, beschreibt Pessoa seine geistige Landschaft: »Ich gehöre einer Generation an, die ohne Glauben an das Christentum geboren wurde und die auch keinen Glauben mehr in all die anderen Anschauungen setzte; wir waren von der sozialen Gleichheit, von der Schönheit oder vom Fortschritt nicht begeistert; wir suchten nicht in Orienten und Okzidenten nach anderen religiösen Formen (jede Kultur hat eine innige Beziehung zu der Religion, die sie vertritt; indem wir die unsrige verloren, verloren wir alles); einige von uns widmeten sich der Eroberung des Alltags; wir, aus besserem Hause, verzichteten auf die Res publica, wollten nichts und verlangten nichts; andere wieder frönten dem Kult der Konfusion und des Lärms: sie meinten zu leben, wenn sie sich selbst hörten, sie meinten zu lieben, wenn sie auf die Äußerlichkeiten der Liebe stießen; und wir, die übrigen, *Rasse der Endzeit, der geistigen Grenze der Toten Zeit,* leben in Negation, Unzufriedenheit und Trostlosigkeit.« Dieses Porträt ist nicht das Pessoas, aber es ist der Hintergrund, von dem seine Gestalt sich abhebt und mit dem sie manchmal verschwimmt. Geistige Grenze der Toten Zeit: der Dichter ist ein leerer Mensch, der in seiner Hilflosigkeit eine Welt schafft, um eine wahre Identität zu entdecken. Pessoas ganzes Werk ist eine Suche nach der verlorenen Identität.

In einem seiner Gedichte, die am häufigsten zitiert werden, sagt er: *Der Dichter ist ein Simulant, der so perfekt täuscht, daß er selbst noch simuliert, der Schmerz, den er wirklich fühlt, sei simuliert.* Indem er die Wahrheit sagt, lügt er; indem er lügt, sagt er die Wahrheit. Wir haben es nicht mit einer Ästhetik zu tun, sondern mit einem Glaubensbekenntnis. Die Poesie ist die Enthüllung der Irrealität des Dichters:

> Zwischen dem Mondschein und dem Laub,
> Zwischen der Ruhe und dem Wald,
> Zwischen dem Nacktsein und dem Nachtwind
> Zieht ein Geheimnis vorüber,
> Folgt dem Vorüberziehen meiner Seele.

Was da vorüberzieht: ist es Pessoa oder ein anderer? Die Frage stellt sich ihm im Laufe der Jahre und mit weiteren Gedichten immer wieder. Er weiß nicht einmal, ob das, was er schreibt, seins ist. Besser gesagt, er weiß, daß es das nicht ist, obgleich es das ist: »Warum lasse ich mich hinters Licht führen und meine, daß meins ist, was meins ist?« Die Suche nach dem Ich – verloren und gefunden und wieder verloren – endet im Ekel: »Brechreiz, Lust zu nichts: leben, um nicht zu sterben.«

Nur aus dieser Perspektive kann man die volle Bedeutung der Heteronyme verstehen. Sie sind eine literarische Erfindung und eine psychologische Notwendigkeit, doch sie sind noch mehr. In gewissem Sinne sind sie das, was Pessoa hätte sein können oder hatte sein wollen; in anderem, tieferem Sinne das, was er *nicht* sein wollte: eine Persönlichkeit. Zum einen machen sie reinen Tisch mit dem Idealismus und den intellektuellen Überzeugungen ihres Erfinders; zum anderen zeigen sie, daß die unschuldige Weisheit, der Marktplatz und die philosophische Eremitage Selbstbetrug sind. Der Augenblick ist so unbewohnbar wie die Zukunft; und der Stoizismus ist ein Mittel, das tötet. Und trotzdem führt die Vernichtung des Ich, denn eben das sind die Heteronyme, zu einer geheimen Fruchtbarkeit. Die wahre Einöde ist das Ich, und nicht nur, weil es uns in uns selbst einsperrt und uns so dazu verurteilt, mit einem Phantasma zu leben, sondern auch weil es alles, was es anrührt, zum Welken bringt. Die Erfahrung Pessoas, vielleicht ohne daß er selbst das gewollt hat, steht in der Tradition der großen Dichter der Moderne seit Nerval und den deutschen Romantikern. Das Ich ist ein Hindernis, ist *das* Hindernis. Deshalb ist jedes rein ästhetische Urteil über sein Werk unzulänglich. Wenn man auch zugeben muß, daß nicht alles, was er geschrieben hat, von der gleichen Qualität ist, so ist doch alles, oder fast alles, geprägt von den Spuren seiner Suche. Sein Werk ist ein Schritt auf das Unbekannte zu. Es ist eine Passion.

Pessoas Welt ist weder diese Welt noch die andere. Das Wort Abwesenheit könnte sie definieren, falls man unter Abwesenheit einen fließenden Zustand versteht, in dem Anwesenheit sich auflöst und Abwesenheit Ankündigung ist – wovon? –, Augenblick ist, in dem das Gegenwärtige nicht mehr ist und andeutungsweise jenes sich zeigt, das vielleicht sein wird. Die städtische Wüste bedeckt sich mit Zeichen: die Steine sagen etwas, der Wind, das erleuchtete Fenster und der einsame Baum an der Ecke sagen etwas, alles sagt etwas, nicht das, was ich sage, sondern etwas anderes, immer etwas anderes, eben das, was sich nie sagen läßt. Abwesenheit ist nicht nur Mangel, sondern auch Vorahnung einer Anwesenheit, die sich nie ganz zeigt. Hermetische Gedichte und Gesänge decken sich: in der Abwesenheit, in der Irrealität, die wir sind, ist etwas gegenwärtig. Staunend unter Leuten und Dingen, geht der Dichter durch eine Straße der Altstadt. Er betritt einen Park, und die Blätter regen sich. Sie sind im Begriff, etwas zu sagen ... Nein, sie haben nichts gesagt. Irrealität der Welt im letzten Licht des Tages. Alles ist reglos, in Erwartung. Der Dichter weiß jetzt, daß er keine Identität hat. Wie diese Häuser, fast golden, fast wirklich, wie diese in der Abendstunde schwebenden Bäume, ist auch er sich selbst entrückt. Und der andere, der Doppelgänger, der wahre Pessoa erscheint nicht. Er wird nie erscheinen: es gibt keinen anderen. Was erscheint, sich einschleicht, ist das andere, das, was keinen Namen hat, was man nicht benennen kann und was unsere armen Worte erbetteln. Ist es die Poesie? Nein: die Poesie ist das, was übrigbleibt und uns tröstet, das Bewußtsein der Abwesenheit. Und von neuem, kaum vernehmlich, ein Raunen von etwas: Pessoa oder das nahe Bevorstehen des Unbekannten.

*Paris, 1961*

# Sieger im Scheitern

## Fernando Pessoa und Robert Walser, zwei entfernte Verwandte

von Peter Hamm

> »Ich trage das Bewußtsein der Niederlage wie ein Siegespanier mit mir herum.«
> *Pessoa, Das Buch der Unruhe*

»Ich bin gescheitert wie die ganze Natur«, läßt Fernando Pessoa den Hilfsbuchhalter Bernardo Soares im »Buch der Unruhe« bekennen. Es scheint, als sei erst unsere Zeit für solches Scheitern empfänglich, so wie auch Robert Walser, dieser Weltmeister in der Kunst des schönen Scheiterns, erst heute in seiner umfassenden Bedeutung erkannt zu werden beginnt. Zumindest *ein* Grund für die späte Entdeckung Fernando Pessoas und Robert Walsers dürfte darin liegen, daß sie beide *Dichter jenseits der Systeme* waren; sie lassen sich weder in ideologische noch in literarisch-stilistische Schemata pressen; wie sie politisch weder von rechts noch von links zu vereinnahmen sind, standen sie auch den herrschenden Stilrichtungen ihrer Zeit fremd oder indifferent gegenüber, oder aber sie verformten und sprengten sie bewußt.

So gibt es sicherlich Jugendstil-Elemente bei Robert Walser und futuristische Anklänge bei Fernando Pessoa, genauer bei dem von ihm geschaffenen Álvaro de Campos; aber weder ist Walser ein Jugendstil-Autor noch Pessoa Futurist, Jugendstil oder Futurismus sind bei beiden nur Masken unter anderen Masken. Und so wie Robert Walser in seiner aufreizenden Ausdrucksvielfalt auch eine obenhin ganz aufs Reizende ausgerichtete, eine idyllisch-neuromantische und eine fast erbauliche Seite hat (die ihn, der das Genre des Schulaufsatzes ja favorisierte, geradezu zum Fibel-Autor zu prädestinieren scheint), gibt es auch bei Pessao eine rückwärtsgewandte Seite: er mußte seinen antikisierenden, archaischen und »heidnischen« Bedürfnissen ebenso wie seinen klassizistischen Neigungen gleich zwei Heteronyme schaffen, Alberto Caeiro und Ricardo Reis.

Doch Caeiro und Reis sind nicht Pessoa. Nur alle zusammen – und es existieren außer den bekannten und schon genannten vier Heteronymen ja noch zahlreiche andere, etwa Vicente Guesde, der Archivar, der Barón de Teide, Jean Seul, der französische satirische Journalist, Antonio Mora, der Philosoph des Neopaganismus, nicht zu vergessen Charles Robert Anon und Alexander Search, die englisch schreibenden Heteronyme aus seiner Jugend – sind Pessoa. *Pessoa,* das bedeutet nicht von ungefähr im Portugiesischen sowohl *Person* wie auch *Maske* (das Wort leitet sich vom lateinischen *persona* ab). Tatsächlich lassen sich bei keinem anderen Autor der Moderne Person und Maske so wenig voneinander unterscheiden wie im Falle Fernando Pessoa. So daß Octavio Paz, der meinte, die Heteronyme seien »keine literarischen Masken«, letztlich ebenso recht hat wie derjenige, der behaupten würde, selbst Pessoa ipse sei noch eine Maske.

»Er ist der verdeckteste aller Dichter«, hat Elias Canetti von Robert Walser gesagt und Walsers Besonderheit darin erblickt, daß dieser *seine Motive nie ausspreche.* Bei Pessoa ist diese Motiv-Verweigerung mindestens so ausgeprägt wie bei Walser. Beide halten ausgesprochen wenig von »der Wahrheit« oder von Wahrheiten. »Sei dir stets bewußt: sich ausdrücken bedeutet für dich nichts anderes als lügen«, notiert Pessoas Hilfsbuchhalter Soares einmal im »Buch der Unruhe«. Und ein andermal: »Die Lüge ist ... die ideale Sprache der Seele«. In seinem Prosastück »Lüge auf die

Bühne« von 1907, das gegen den damals die Bühne beherrschenden Naturalismus gerichtet war und mit dem unnachahmlichen Satz endete: »Ich bin für ein Lügentheater, Gott helfe mir!«, hatte auch Robert Walser eine Kunst propagiert, die »goldene, ideale Lügen in großer, unnatürlichschöner Form ausspinnt«. Nur wenn die Illusion von vorneherein einkalkuliert ist, sagt Soares = Pessoa, gibt es keine Desillusionierung. Doch nur die Kunst beherrsche diese Kunst der Illusion: »Die Liebe, der Schlaf, die Drogen und die Gifte sind Elementarformen der Kunst, oder, besser gesagt, sie bringen die gleiche Wirkung hervor wie sie. Aber auf Liebe, Schlaf und Drogen folgt allemal die Desillusionierung. Der Liebe wird man satt, oder sie enttäuscht. Aus dem Schlaf erwacht man und, während man geschlafen hat, hat man nicht gelebt. Die Drogen bezahlt man mit dem Ruin derselben Physis, zu deren Stimulierung sie gedient haben. Aber in der Kunst gibt es keine Desillusionierung, denn die Illusion war von Anfang an einkalkuliert. Aus der Kunst gibt es kein Erwachen, denn in ihr schlafen wir nicht, wenn wir auch träumen mögen. In der Kunst gibt es keinen Tribut, keine Strafe, die wir bezahlen müßten, weil wir sie genossen haben.«

Sind nicht sogar Pessoas Heteronyme Verkörperungen solch »goldener, idealer Lügen« im Sinne Walsers? Nichts vermag freilich darüber hinwegzutäuschen, daß dieses Spiel mit Masken, dieser Zwang zur Kunst-Lüge, dieser Zwang, zu fingieren, bei Pessoa wie bei Walser aus einer fundamentalen Mangel-Erfahrung, einer beispiellosen Ich-Schwäche resultiert; beide können Selbstbewußtsein nur fingieren, nur auf Papier simulieren. Ein schwaches Selbst schafft sich, um von seiner Schwäche abzulenken, eben andere Selbste. Diese Heteronyme bleiben aber Ausdruck mangelnder Autonomie, sie bleiben Signen des Scheiterns.

»Der Dichter ist ein Simulant, der so perfekt täuscht, daß

er selbst noch simuliert, der Schmerz, den er wirklich fühlt, sei simuliert«, schreibt Soares = Pessoa. Die Robert-Walser-Nähe dieses Satzes ist evident. In einem seiner späten Gedichte – wobei der Ausdruck *spät* sowohl bei Pessoa wie bei Robert Walser insofern irreführend ist, als beider »Spätwerk« von Mitvierzigern stammt! – hat Pessoa ipse unter dem Titel »Autopsychographie« den Zwang zur Simulation als bloßes Spiel zu tarnen gewußt:

> Der Dichter macht uns etwas vor:
> So weit treibt er sein Spiel,
> Daß Kummer, den er wirklich fühlt,
> Gespielter Kummer wird.
>
> Und der dann liest, was jener schrieb:
> Statt jener Doppelpein
> Empfindet er ein Drittes nun:
> Den Schmerz, den er nicht fühlt.
>
> Und so, dem Geist zum Zeitvertreib,
> Rollt sie auf ihrem Gleis:
> Die kleine Spielzeug-Eisenbahn,
> Gemeinhin »Herz« genannt.
>
> *Übertragung: Paul Celan*

So ins Spielzeughaft-Putzige und ins Nachlässig-Heitere hat auch Robert Walser immer wieder sein Scheitern an der Realität zu sublimieren gewußt. Und ziemlich sicher wären ihm jene Sätze vertraut vorgekommen, mit denen sich Soares = Pessoa gleichsam als eine Wörerpuppe, ein »Buchwesen« beschreibt: »Ich bin großteils die gleiche Prosa, die ich schreibe. Ich entfalte mich in Perioden und Abschnitten, ich werde zur Zeichensetzung, und ich kleide mich bei der entfesselten Verteilung der Bilder (Metaphern) wie die Kinder als König aus Zeitungspapier ein, oder ich schmücke mich in der Weise, wie ich aus einer Aufreihung von Wörtern Rhythmen forme, wie die Verrückten mit trockenen Blumen, die in meinen Träumen lebendig bleiben. Und bei alledem bin ich so still wie eine mit Sägemehl gefüllte Puppe, die zum Bewußtsein ihrer selbst kommt und ab und zu mit dem Kopf nickt, damit die Schelle oben auf der Zipfelmütze (einem integrierenden Teil des Kopfes) etwas ertönen läßt, klingendes Leben des Gestorbenen, winziger Hinweis ans Schicksal ... Ich bin zu einem Buchwesen geworden, zu einem gelesenen Leben.«

Woher nun aber dieser Zwang, aus einem lebendigen ein »Buchwesen« zu werden? Woher dieser Zwang, sich – übermütig, hochmütig oder mutlos? – abzusondern und vollkommen zu vereinsamen? Beide, der Schweizer wie der Portugiese, fielen ja nicht nur aus dem jeweiligen Literaturbetrieb ihrer Zeit und ihrer Länder, sondern auch aus jeglicher sozialen und sogar familiären Bindung heraus, beide hatten bald nur noch mit sich selbst Umgang (als ihn Carl Seelig bei einem der Spaziergänge in der Nähe von Herisau fragte, mit wem er in Bern Umgang gehabt hätte, antwortete Robert Walser: »mit mir selbst«). Man wird tief in die Kindheit dieser beiden Schriftsteller zurücksuchen, wird die lautlosen Katastrophen der Kindheit aufspüren müssen, wenn man die Wurzeln ihrer späteren Vereinsamung freilegen möchte.

Robert Walser verlor früh die Mutter, Pessoa noch früher seinen Vater – aber im übertragenen Sinne verlor er dazuhin auch die Mutter, nämlich an deren zweiten Mann, seines Zeichens Generalkonsul Portugals in Südafrika, dem die Mutter schon bald nach dem Tod ihres ersten Mannes mit ihren Kindern nach dorthin folgte. Dieser Stiefvater war nach dazu verantwortlich, daß Pessoa mit der Mutter auch die Muttersprache einzubüßen drohte, denn er wurde in Durban von irischen Nonnen englisch erzogen. Psychologisch aufschlußreich scheint mir in diesem Zusammenhang auch eine Eintragung im »Buch der Unruhe«, in der Pessoa seinen Soares zum vollständigen Waisen werden läßt: »Ich entsinne mich nicht an meine Mutter. Sie starb, als ich ein Jahr alt war ... (sic) Mein Vater lebte in der Ferne; er hat sich umgebracht, als ich drei Jahre alt war, und ich habe ihn nie gekannt.«

Robert Walsers Zögling *Jakob von Gunten* trägt in sein Tagebuch ein: »Ich war eigentlich nie Kind, und deshalb, glaube ich zuversichtlich, wird an mir immer etwas Kindheitliches haften bleiben. Ich bin nur so gewachsen, älter geworden, aber das Wesen blieb ... Ich entwickle mich nicht.« Im Tagebuch des Hilfsbuchhalters Soares korrespondiert eine Eintragung auffallend mit jener des Jakob von Gunten = Robert Walser, sie verwandelt für einen kurzen Moment lang das sonst eher philosophische und auf Abstand bedachte »Buch der Unruhe« in ein *journal intime:* »Gott erschuf mich als Kind und hat mich immer ein Kind bleiben lassen. Warum aber hat er zugelassen, daß mich das Leben geschlagen hat, mir meine Spielzeuge wegnahm und mich in den Pausen allein ließ, in denen ich mit schwachen Händen die vom häufigen Weinen schmutzig gewordene blaue Spielschürze zerknitterte?«

Die frühen Verluste haben bei beiden Autoren, Pessoa wie Robert Walser, eine bis zur Manie reichende Berührungsangst hinterlassen, die von beiden in eine Verklärung der Unberührtheit, in einen Kult des Berührungsverzichts umfunktioniert wurde. »Sehen und Hören sind die einzig edlen Dinge, die das Leben enthält. Die übrigen Sinne sind plebejisch und rein körperlich; der einzige Adel besteht darin, nie zu berühren, sich nicht zu nähern – das ist adlige Gesinnung.« So aristokratisch wie Pessoas Hilfsbuchhalter Soares hat das der frühere Commis und Kanzleischreiber Robert Walser nicht ausgedrückt, aber gehandelt hat er zeitlebens nach dieser Maxime; der ihm selbst liebste unter den von ihm geschaffenen Unberührbaren, der Zögling Jakob von Gunten – der übrigens auffälligerweise das adlige »von« in seinem Namen führt – verkündet ebenso emphatisch wie der gescheiterte Buchhändlerlehrling und Poet Simon Tanner aus dem Roman »Geschwister Tanner« (der sich »immer noch vor der Tür des Lebens« stehen sieht) das aristokratische Abstands-Programm (auch wenn es bei Simon Tanner dann aufs kleinbürgerliche *Anständigbleiben* statt auf Adel hinausläuft): »Ich bin nichts als ein Horchender und Wartender, als solcher allerdings vollendet, denn ich habe es gelernt, zu träumen, während ich warte; das geht Hand in Hand, und tut wohl, und man bleibt dabei anständig.«

Ähnliches hat Robert Walser 1914 auch in einem Prosafragment, das er auf die Rückseite seiner Skizze »Der Mann« notierte, bekannt: »Ich bin ein achtsamer Mensch. Ich bestehe fast ganz nur aus Aufmerksamkeit. Ich muß notgedrungermaßen auf alles acht geben, es zwingt mich, es reißt mich hin, ich kann gar nicht anders. Ich kann nicht hinwegsehen, ich kann nichts überspringen. Das ist vielleicht ein Übel. Ja, sehr wahrscheinlich ist es ein Übel. Aber dieses eigentümliche Übel beherrscht und regiert mich, und ich bin sein Diener, muß ihm gehorchen. Andere Menschen schlafen, ich, ich wache immer, als sei ich immer auf einer Art Wache.« Pessoa, der einmal von der »Ekstase des Schauens« spricht und als Alberto Caeiro dichtet: »Wenn ihr nach meinem Tod meine Biographie schreiben wollt, / so ist nichts leichter als das. / Sie hat nur zwei Daten – Geburt und Todestag. / Alle Tage dazwischen gehören mir. / Ich bin leicht auf eine Formel zu bringen. / Ich war besessen vom Schauen«, Pessoa = Soares sieht sich geradezu als *Spion des Lebens:* »Ich habe unter ihnen als Spion gelebt, und niemand, nicht einmal ich selbst, hat den Verdacht gehegt, daß ich einer wäre. Alle haben mich für einen Verwandten gehalten: niemand ahnte, daß man mich bei der Geburt vertauscht hatte ...«

Aus der aus Verlustangst erzeugten Berührungsangst ist also bei Pessoa wie bei Walser Beobachtungszwang geworden, Voyeurismus, eine Art literarischer Spionagetätigkeit. Beide Dichter, zeitlebens mit Schlaflosigkeit geschlagen, sind »Augen-Liebhaber«, wie Herr Soares das nennt, sie treiben Tag und Nacht durch die Straßen der Städte oder hocken in mehr oder weniger armseligen Wirtschaften und betreiben das, was Robert Walser bei einer Begegnung mit Alfred Fankhauser im Bern der zwanziger Jahre drastisch »Augevögle« genannt hat. Für beide existiert die Frau nur als Projektion, als Traum, als schöne Lüge. »Wir lieben niemals irgend jemanden. Wir lieben ganz allein die Vorstellung, die wir uns von jemand machen«, schreibt Soares = Pessoa. Oder auch: »Der Onanist ist der vollkommen logische Ausdruck des Liebenden. Er ist der einzige, der sich nichts vormacht und sich nicht betrügt.« Robert Walsers Jakob von Gunten verkündet die Konsequenz: »Liebe entbehren, ja, das heißt Lieben!« Soares = Pessoa ergänzt: »Wer Liebe gibt, verliert Liebe«, und findet schließlich für sich folgende Abstands-Formel: »Vom Leben abdanken, um nicht von sich selbst anzudanken.«

Doch was ist das noch für ein Selbst, das zu zerbrechlich für jede Berührung ist und sich sagen muß: »Ich beneide alle Leute darum, nicht ich zu sein« (Soares = Pessoa), oder: »Niemand wünsche ich, er wäre ich« (Robert Walser)? Es ist ein vielfältig zersplittertes, an seine Beobachtungs-Partikelchen ausgeliefertes Selbst, das sich ständig neu zu definieren gezwungen ist und doch nie die Gewißheit einer Identität zu fühlen vermag. »Ständig fühle ich, daß ich ein anderer war, daß ich als anderer dachte«, schreibt Soares = Pessoa. Oder: »Um erschaffen zu können, habe ich mich zerstört; so sehr habe ich mich in mir selbst veräußerlicht, daß ich in mir nicht anders als äußerlich existiere. Ich bin die lebendige Bühne, auf der verschiedene Schauspieler auftreten, die verschiedene Stücke aufführen.« Jede Wahrnehmung ruft ein anderes Ich, eine andere Ausprägung der Sensibilität auf diese Ich-Bühne: »Das kleinste Vorkommnis – eine Veränderung des Lichts, der eingerollte Fall eines trockenen Blattes, das Blumenblatt, das sich welk ablöst, die Stimme auf der anderen Seite der Mauer oder die Schritte dessen, der diese Stimme erhebt, im Verein mit den Schritten desjenigen, der sie vernimmt, das halb geöffnete Portal des alten Gutshofs, der Innenhof, der sich unter dem Bogen der im Mondlicht zusammengescharten Häuser auftut –, all diese Dinge, die mir nicht gehören, fesseln doch mein empfindliches Nachdenken mit Banden des Widerhalls und der Sehnsucht. In jeder einzelnen dieser Wahrnehmung bin ich ein anderer, erneuere mich schmerzlich in jedem unbestimmten Eindruck.« Die Flüchtigkeit der Erscheinungen, ihre peinigende permanente Metamorphose, bringt Soares = Pessoa auf die knappste aller denkbaren Verlust-Formeln: »Sehen heißt: schon gesehen haben.« Und es ist immer ein anderes Ich, das sieht – und das gesehen hat.

*»Je est un autre«:* Rimbaud war es, der vor Pessoa und Robert Walser deren Grunderfahrung in einem Satz festgehalten hat, einem Satz, der recht eigentlich als das Motto der Moderne gelten müßte. Keiner der Autoren, die wir heute noch für diese Moderne reklamieren, so divergierend sie auch untereinander (gewesen) sein mögen, der sich nicht mit dieser Erfahrung des »Ich-Zerfalls« (Gottfried Benn) auseinandergesetzt hätte, von Hofmannsthal mit seinem »Lord-Chandos-Brief« und seinem »Gespräch über Gedichte« (»Wie der wesenlose Regenbogen spannt sich unsere Seele über den unaufhaltsamen Sturz des Daseins; wir besitzen unser Selbst nicht: von außen weht es uns an, es flieht uns für lange und kehrt uns in einem Hauch zurück ... Und

etwas begegnet sich in uns mit anderen. Wir sind nicht mehr als ein Taubenschlag«) bis zu Ernst Bloch, dessen »Spuren« programmatisch von den beiden Sätzen eröffnet werden: »Ich bin. Aber ich habe mich nicht.« Von Ezra Pound, der mit so vielen fremden Stimmen sprach, der »die Seelen aller Großen durch uns ziehen« fühlte und bekannte: »Die Suche nach dem Wesen begann ich mit einem Buch, ›Personae‹ genannt, in dem ich gleichsam mit jedem Gedicht eine fertige Maske des Selbst abtat«, bis zu seinem Freund T. S. Eliot, in dessen epochemachendem Poem »The waste land« immer noch zwei andere Personen anwesend sind, wenn das eine Ich spricht, aber nicht im Sinne eines romantischen Doppelgängertums, sondern dem einer unbegreiflichen Polypersonalität (»Who is the third who walks always beside you?«).

Ob Marinetti, der Futurist (dessen Werk Pessoa zum Teil kannte), mit der Flucht nach vorn dazu aufrief, »das Ich in der Literatur zu zerstören«, oder sein Landsmann Pirandello sechs Bühnenfiguren »auf die Suche nach ihrem Autor« schickte, ob Juan Ramón Jiménez ein Gedicht »Ich und Ich« oder Jorge Luis Borges ein ganzes Buch »Borges und ich« überschrieb (»Ich bin nicht ich. / Ich bin jener, / der an meiner Seite geht, ohne daß ich ihn erblicke, / den ich oft besuche / und den ich oft vergesse, / jener, der ruhig schweigt, wenn ich spreche...«, dichtete Jiménenz, und Borges schrieb: »Ich lebe, lebe so vor mich hin, damit Borges seine Literatur ausspinnen kann ... Ich muß in Borges bleiben, nicht in mir, sofern ich überhaupt jemand bin, aber ich erkenne mich in seinen Büchern weniger wieder als in vielen anderen ... Ich weiß nicht einmal, wer von uns beiden diese Seite schreibt.«), ob André Breton seine »Nadja« mit der Frage »Wer bin ich?« oder Max Frisch seinen »Stiller« mit der Beteuerung »Ich bin nicht Stiller« begann, ob Julien Green, der sich schreibend stets als Medium einer unbekannten Macht empfand, darauf insistierte, man könne »sehr wohl zwei Personen sein«, oder Karen Blixen, die unter drei Namen publizierte, ihre Sängerin Pellegrina eine »Vielfache« sein ließ, ob Valéry Larbaud als »Mr. Barnabooth« auftrat oder Witold Gombrowicz an den Beginn seines Tagebuchs trotzig die vierfache Beteuerung »Ich / Ich / Ich / Ich« stellte (und damit doch nur bewies, wie unsicher er sich dieses Ichs war): stets waren und sind Ich-Verlust und Ich-Zerfall vom Verlangen nach Entpersönlichung kaum voneinander zu unterscheiden.

T. S. Eliot meinte: »Poesie ist nicht der Ausdruck von Persönlichkeit, sondern eine Flucht vor der Persönlichkeit. Aber es wissen natürlich nur die, die Persönlichkeit haben, was es heißt, dieser entrinnen zu wollen.« Sogar noch in den gerne das Kollektiv-Glück kündenden Autoren vom Schlage Majakowskjis (der einen Gedichtband »100 Millionen« betitelte) oder Brechts (der in seiner »Maßnahme« den Einzelnen, »der nur zwei Augen hat«, der Partei mit ihren »tausend Augen« auslieferte) hat diese Dialektik von Polypersonalität und Wunsch nach Entpersönlichung ebenso ihre Spuren hinterlassen wie etwa in den Drogen-Texten Huxleys, Ernst Jüngers und André Michaux' oder in der »écriture automatique« der Surrealisten, denen allen die Überzeugung zugrunde liegt, daß in dem Augenblick, in dem das Ich zum Schweigen gebracht ist, der Andere in uns – das andere Ich – zu sprechen beginne. Und natürlich gehören hierher auch die expressionistischen Regressions-Träume eines Gottfried Benn: »O daß wir unsere Ururahnen wären. / Ein Klümpchen Schleim in einem warmen Moor. / Leben und Tod, Befruchten und Gebären / glitte aus unseren stummen Säften vor. / Ein Algenblatt oder ein Dünenhügel, / vom Wind Geformtes und nach unten schwer. / Schon ein Libellenkopf, ein Möwenflügel / wäre zu weit und litte schon zu sehr.«

Gar nicht regressiv, sondern als willkommene Chance, im Allgemeinen aufgehen zu können, empfindet Robert Walser das, was für die anderen nur Ich-Armut, schmerzlicher oder schmerzlich erträumter Ich-Verlust ist. In seinem 1919 gedruckten Prosastück »Freundschaftsbrief«, in welchem dem »engen Selbst« das Leben »wie ein Riese« gegenübersteht, heißt es: »Wie bin ich im Meer der Erregtheit arm. Doch bin ich froh, denn ich denke, daß nur der Arme fähig sei, vom engen Selbst geringschätzig wegzugehen, um sich an etwas Besseres zu verlieren, an das Schwebende, das uns selig macht, an die Bewegung, die nicht stockt, an ein Hohes, das immer wächst, an das schwingende Allgemeine, an das nie erlöschende Gemeinsame, das uns trägt, bis es uns in Frieden begraben mag.«

Für Robert Walser wie für Fernando Pessoa ist das gefährdete Ich am besten in den »unteren Regionen« aufgehoben, »klein sein und bleiben« ist beider Maxime: »Klein sein und bleiben. Und höbe und trüge mich eine Hand, ein Umstand, eine Welle bis hinauf, wo Macht und Einfluß gebieten, ich würde die Verhältnisse, die mich bevorzugten, zerschlagen, und mich selber würde ich hinabwerfen ins niedrige, nichtssagende Dunkel. Ich kann nur in den untern Regionen atmen.« So formuliert es Jakob von Gunten in seinem Tagebuch. Und den Hilfsbuchhalter Soares läßt Pessoa in sein Tagebuch eintragen: »Wenn ich die Welt in der Hand hätte, würde ich sie, dessen bin ich sicher, gegen eine Fahrkarte zur Rua dos Douradores eintauschen« (das ist jene kleine, freudlose Straße in Lissabons Baixa, wo Soares nach dem Willen Pessoas sein Kontor und sein Zimmer hat).

»In Wahrheit ist Chef Vasques mehr wert als die Könige des Traums; in Wahrheit ist das Büro in der Rua dos Douradores mehr wert als die großen Alleen unmöglicher Parks«, sagt dieser Soares = Pessoa. »Und wenn das Büro in der Rua dos Douradores für mich das Leben verkörpert, so verkörpert mein zweites Stockwerk, in dem ich in der gleichen Rua dos Douradores wohne, für mich die Kunst. Jawohl, die Kunst, die in derselben Straße wohnt wie das Leben, jedoch an einem anderen Ort, die Kunst, die das Leben erleichtert, ohne daß es deshalb leichter würde zu leben, die so eintönig ist wie das Leben selber, nur an einem anderen Ort. Jawohl, diese Rua dos Douradores umfaßt für mich den gesamten Sinn der Dinge, die Lösung aller Rätsel außer der Tatsache, daß es Rätsel gibt, die keine Lösung finden können.«

Eine der charakteristischsten Tagebuch-Eintragungen dieses Soares lautet:

»Ein Freund, Teilhaber einer Firma, sagte neulich zu mir, weil er annahm, ich verdiente zu wenig: ›Sie werden ausgebeutet...‹ Das rief mir in Erinnerung, daß ich ausgebeutet werde, da wir aber im Leben ausgebeutet werden müssen, frage ich mich, ob es nicht weniger schlimm ist, von Herrn Vasques aus dem Stoffgeschäft ausgebeutet zu werden als von der Eitelkeit, der Ruhmsucht, der Verachtung, dem Neid oder dem Unmöglichen. Es gibt sogar Leute, die Gott selbst ausbeutet, und das sind die Propheten und Heiligen in der Leere der Welt. Und ich ziehe mich – wie in das Heim, das die anderen ihr eigen nennen – in das fremde Haus, in das weitläufige Büro in der Rua dos Douradores zurück. Ich mache es mir an meinem Schreibtisch bequem wie an einem Bollwerk gegen das Leben. Ich spüre Zärtlichkeit, bis zu Tränen reichende Zärtlichkeit für meine Geschäftsbücher, in die ich Eintragungen vornehme, für das alte Tintenfaß, dessen ich mich bediene, für den gebeugten Rücken Sérgios, der etwas weiter von mir entfernt Warenbegleitpapiere ausfertigt. Ich liebe das alles, vielleicht, weil ich sonst nichts zum Lieben besitze – oder vielleicht auch deshalb, weil nichts die Liebe einer Seele wert ist und, wenn wir es schon für ein Gefühl halten, es ebenso lohnend ist, dieses Gefühl meinem kleinen Tintenfaß entgegenzubringen wie der großen Gleichgültigkeit der Gestirne.«

In der »Liebe zum Belanglosen«, von der so viele Tagebuch-Blätter des Herrn Soares zeugen, treffen sich Pessoa und Robert Walser ebenso wie in ihrer Skepsis gegenüber allen allzu großen Gedankengebäuden. Das Unbehagen an der Dominanz des Gedanklichen, das sich bei einem Autor unserer Tage, bei Botho Strauß, in seinem Poem »Diese Erinnerung an einen, der nur einen Tag zu Gast war«, so äußert: »Nicht wissen möcht ich, sondern / erklingen«, und das auch in der Generation Pessoas und Walsers immer wieder thematisiert wurde, etwa bei Gottfried Benn (der sich als »armen Hirnhund, schwer mit Gott behangen« sieht und klagt: »Ich bin der Stirn so satt«) oder bei W. A. Auden (»Hätt ich doch ein Dummkopf sein dürfen, einer, der lebte, / Bevor noch das Unheil seine Werber aussandte hierher; / Jünger als Würmer, Würmer haben schon zuviel zu leiden. / Ja, Gestein wär' das Beste: Könnte ich nur / Diese Wälder, von den Feldern das Grün, diese lebhafte Welt / Unfruchtbar sehen wie den Mond«), dieses Unbehagen liefert die Grundmelodie im Werk Walsers und Pessoas, zumal in jenem Pessoas = Caeiros. Caeiro empfindet sich als »Mystiker des Nichtwissenwollens«; er verkündet: »Gesegnet sei ich für alles, was ich nicht weiß«, und: »Wesentlich ist nur, sehen zu können, / sehen zu können, ohne dabei zu denken«.

Robert Walser treibt die Entpersönlichung am weitesten, er erhebt den Identitätsverlust geradezu zur sittlichen Norm: »Sich selbst nicht spüren, nicht fühlen, nicht wissen, / wer und was man ist und wessen man bedarf, / ist Sittlichkeit«, heißt es in einem seiner späten Gedichte. Und hölderlinhaft verklärt Walser die Sphäre des *Blödeseins* (der er dann achtzehn Jahre lang leibhaftig anheimfallen sollte, als er in den Psychiatrischen Kliniken Waldau und Herisau Säcke klebte, Tische wischte, vorwiegend Trivialliteratur las und sich das Schreiben verbot), wenn er im März 1926 an Max Rychner schreibt: »Ich fand die Frage Kerrs, ob zur Gedichtsfabrikation ein Grad von Verblödung erwünscht sei, bemerkenswert ... Im Begriff Blödsein liegt eben etwas Strahlendschönes und -gutes, etwas unsäglich Feinwertiges, etwas, das gerade die Intelligentesten sehnsüchtig gesucht haben ...« Schon Walsers Jakob von Gunten, man erinnere sich, hatte ja zuletzt das Institut Benjamenta verlassen, um mit seinem Erzieher vor der Erziehung zu fliehen und in die Wüste – die eine Metapher für Gedankenwüste, für Kulturflucht war – zu gehen: »Der Kultur entrücken, Jakob. Weißt du, das ist famos«, erklärte dieser Erzieher. Und die letzten Sätze dieses Anti-Erziehungsromans stimmten dann ein fast metaphysisch begründetes Lob der Gedankenlosigkeit an: »Ich fühle, daß das Leben Wallungen verlangt, nicht Überlegungen ... Weg jetzt mit dem Gedankenleben ... Jetzt will ich an gar nichts mehr denken. Auch an Gott nicht? Nein! Gott wird mit mir sein. Was brauche ich da an ihn zu denken? Gott geht mit den Gedankenlosen. Nun denn adieu, Institut Benjamenta.«

Auch Pessoas Alberto Caeiro ist in Walsers wunderbarer Wüste der Gedankenlosigkeit gelandet, nicht als Alberto Caeiro, sondern als ein »Menschentier«, das nicht länger hinter den Sinn der Dinge kommen will, sondern sich in der reinen Tautologie aufgehoben weiß: »Die Dinge selbst sind der einzig verborgene Sinn der Dinge.« Caeiro verlangt von der Welt nicht mehr, »sie solle anders sein als die Welt«, und er kann von sich sagen: »Ich bin nicht ich: ich bin glücklich.« Pessoas Hilfsbuchhalter Soares freilich ahnt solches Glück nur für winzige Augenblicke: »Ich bin heute so klarsichtig, als ob ich nicht existierte«, notiert er einmal. Im übrigen ist er vorwiegend damit beschäftigt, über die vertrackte sokratische Dialektik von Wissen und Nichtwissen zu reflektieren. »Wissen heißt töten, im Glück wie in allem übrigen«, meint er einmal, »nicht wissen jedoch heißt nicht existieren.« Soares weiß, daß auch noch die wunderbare Wüste der Gedankenlosigkeit nichts anderes als ein Gedanke ist und es keine rationale Rettung vom Denken geben kann. Nur eine irrationale – oder eine ironische. Statt »erkenne dich selbst!« postuliert er deshalb: »Verkenne dich selbst ... sich bewußt verkennen ist tätige Anwendung der Ironie.« Ironiker sind sie sicher beide, Pessoa wie Walser, und zwar in jenem Sinne, in dem Martin Walser in seiner »Einübung ins Nichts« überschriebenen Frankfurter Vorlesung über Robert Walsers »Jakob von Gunten« Ironie als eine »Existenzbestimmung«, ein Nicht-anders-können-als-sich-selbst-in-Frage-Stellen im Gegensatz zur bloßen »Benehmensironie« etwa eines Thomas Mann definiert hat. Es bleibt diesem Schweizer und diesem Portugiesen gar nichts anderes übrig, als die Wirklichkeit des Lebens als eine Form der Illusion und die Illusion wiederum als eine Form der Wirklichkeit aufzufassen.

Beider ausgeprägter Hang zum Oxymoron – also dem äußersten Widerspruch in sich selbst – läßt sich von daher ebenso erklären wie beider dezidierter Abneigung gegen die Sphäre des Politischen, die ja immer Eindeutigkeit vorspiegelt und eine widerspruchsfreie Welt in Aussicht stellt. Pessoa = Soares erklärt jeden, der sich der Politik verschrieben hat, ob Reaktionär oder Revolutionär, zum Ignoranten: »Jeder Revolutionär, jeder Reformer ist ein auf Abwege Geratener. Kämpfen bedeutet, außerstande zu sein, sich selbst zu bekämpfen. Reformieren heißt, selbst nicht besserungsfähig zu sein.« Und: »Alle Ideale und alle ehrgeizigen Pläne sind ein Wahnwitz männlicher Gevatterinnen. Es gibt kein Imperium, das es wert wäre, daß um seinetwillen eine Kinderpuppe entzweiginge. Es gibt kein Ideal, das das Opfer einer blechernen Eisenbahn verdiente.«

Auch beider Abneigung gegen Reisen – Fernreisen – leitet sich von dieser Erkenntnis des Illusionscharakters der Wirklichkeit ab. »Geht die Natur etwa ins Ausland?«, ließ der große Spaziergänger Robert Walser seinen Simon Tanner einmal fragen. Und programmatisch beginnt Walsers Prosastück »Spazieren« von 1912: »Es ging einer spazieren. Er hätte in die Eisenbahn steigen und in die Ferne reisen können, *doch er wollte nur in die Nähe wandern.*« Der Hilfsbuchhalter Soares, der wie sein Erfinder Pessoa ein Leben lang in Lissabons Baixa spazierenging und kaum je auch nur die Stadtgrenzen hinter sich ließ, verkündet lapidar: »Existieren ist reisen genug.« Und: »Nur äußerste Schwäche der Einbildungskraft rechtfertigt, daß man den Ort wechseln muß, um zu fühlen. Jede Straße, sogar diese Straße von Entenpfuhl trägt dich ans Ende der Welt. Doch das Ende der Welt ist, sobald man die Welt vollständig umkreist hat, das gleiche Entenpfuhl, von dem man ausgegangen ist ... Das Leben ist das, was wir aus ihm machen. Die Reisen sind die Reisenden. Was wir sehen, ist nicht, was wir sehen, sondern das, was wir sind.« Aus dem Käfig des Ich gibt es keine reale, sondern nur eine erträumte Befreiung. Aber auch das Geschöpf des Traums, Alvaro de Campos, muß noch klagen: »Ich bin der Mensch, der immer reisen will, / und immer bleibt, immer bleibt, immer bleibt, / bis zum Tod bleibt, selbst wenn er abreist, bleibt und bleibt und bleibt ...«

Es bleibt nur die kontemplative Alternative: »Jedes Ding ist, je nachdem wie man es betrachtet, ein Wunder oder ein Hindernis, ein Alles oder ein Nichts, ein Weg oder eine Sorge. Es auf immer verschiedene Weise betrachten heißt, es erneuern und durch sich selbst vervielfältigen. Deshalb hat der kontemplative Geist, der nie aus seinem Dorf herausgekommen ist, gleichwohl das ganze Universum zu seiner Verfügung. In einer Zelle oder in einer Wüste liegt das

Unendliche beschlossen. Auf einem Stein schläft man kosmisch.« (Soares = Pessoa)

Es liegt auf der Hand, daß diesen souveränen Standpunkt einzunehmen nur für Augenblicke gelingen kann. Soares = Pessoa beklagt, daß »die selbstauferlegte Absonderung von den Zwecken und Bewegungen des Lebens, der von mir selbst gewollte Bruch im Umgang mit den Dingen« ihn genau dorthin geführt hätten, wovor er zu flüchten versuchte: »Ich wollte das Leben nicht spüren, wollte die Dinge nicht anrühren, weil ich aus der Erfahrung meines Temperaments im Umgang mit der Welt wußte, daß die Wahrnehmung des Lebens für mich immer schmerzhaft sein würde. Doch indem ich diese Berührung scheute, isolierte ich mich und, indem ich mich isolierte, steigerte ich meine ohnehin übertriebene Sensibilität noch mehr ... Und indem ich meine Sensibilität durch die Isolierung anstachelte, bewirkte ich, daß selbst Kleinigkeiten, die sogar mir zuvor nichts ausgemacht haben würden, mich wie Katastrophen treffen. Ich habe mich in der Fluchtmethode geirrt. Ich bin auf einem unbequemen Umweg genau an denselben Ort geflüchtet, an dem ich mich bereits befunden hatte ... Ich habe die Willenskraft abgetötet, indem ich sie analysierte. Wer gibt mir den kindhaften Zustand vor der Analyse zurück, auch wenn das vor aller Willenskraft wäre!«

Der sich – wie Robert Walser – als »Prediger des Verzichts« verstand, muß erkennen, daß er – im Gegensatz zu Walser, der seit seiner gewaltsamen Überführung von der Heilanstalt Waldau in die psychiatrische Klinik von Herisau auch noch auf das letzte Mittel, sein Ich zu behaupten, auf das Schreiben verzichtet hatte – den alles entscheidenden letzten Verzicht noch nicht geleistet hat: »Ich habe noch nicht gelernt, von meiner Neigung zu Vers und Prosa abzudanken.« Der Tod ersparte ihm das. Einundzwanzig Jahre vor dem um zehn Jahre älteren Robert Walser stirbt

Fernando Pessoa 1935 an Leberzyrrhose. Giuseppe Ungaretti, im selben Jahr wie Pessoa geboren, auch er ein Dichter der Masken, der das Ich als »monströses Triebwerk« begriff, hatte gedichtet: »La morte si sconta vivendo« (in Ingeborg Bachmanns Übersetzung: »Den Tod büßt man lebend ab«); nach diesem Motto hatten beide gelebt, der Schweizer wie der Portugiese, beide verzichteten auf alles, was man üblicherweise Leben nennt, auf irdische Behaustheit, Anerkennung, Liebe, Erfolg (Pessoa brachte im Gegensatz zu Walser zu Lebzeiten gerade ein einziges Buch, »Mensagem«, heraus), beide sind Märtyrer der Dichtung.

Spätestens an dieser Stelle ist ein Wort fällig über das, was Pessoa bei allen frappierenden Parallelen zu Walser von diesem unterscheidet. Es ist dies natürlich vor allem seine portugiesische Herkunft. Es ist ja verblüffend, wie viele von den wenigen, die bisher über Fernando Pessoa geschrieben und nachgedacht haben, den *Portugiesen Pessoa* schlicht ignorieren. Das gilt sogar noch für einen ansonsten ausgezeichneten Aufsatz von Michael Wood aus »The New York Review of Books« (vom 21. September 1972), in dem etwa der Begriff *Fatalismus* konsequent ausgespart wird, obwohl doch Fatalismus nicht nur ein hervorstechender Zug des Pessoaschen Werkes ist, sondern ihn eben dieser Fatalismus auch mit der Mehrheit seiner Landsleute verbindet.

Portugal, dieses kleine Land am Rande Europas, das in seiner Geschichte nie sehr fest mit der eigenen Erde verwachsen war, sondern den Blick immer hinaus aufs Meer, ins Ungewisse gerichtet und sich von dorther alles erhofft hat, erlebte ja nach den wenigen Jahren, in denen es dort in der unermeßlichen Ferne auch tatsächlich etwas entdeckte und danach die Heimat mit fremden Schätzen überhäufte, eine beispiellose Erschütterung seiner nationalen Identität, von der es sich nie mehr erholt hat. Seit Dom Sebastian, der blutjunge König, der am 8. August 1578 mit seinem riesigen Heer in der Schlacht bei Alkazar gegen die Mauren unterlag und dabei verschollen ging – wie lange wartete man am Tejo auf seine Wiederkehr, manche meinen, noch heute erwarte jeder Portugiese heimlich die Wiederkehr Dom Sebastians! –, lebt man in Portugal im Bewußtsein der Niederlage. Einmal wollte man zuviel, wollte ein portugiesisches Weltreich, seither will man nichts mehr, seither gilt der Traum mehr als jede Tat. Seither ist man in Portugal von der Traumhaftigkeit des Tatsächlichen überzeugt. »An die Stelle des Weltreichs trat die Illusion« (Reinhold Schneider). Doch das Bewußtsein der Niederlage, das Wissen um die Vergeblichkeit allen Tuns wird zum Stolz gesteigert, zum Stolz auf die alles durchtränkende Traurigkeit, für den man in diesem Volk einen eigenen, ganz unübersetzbaren Namen gefunden hat: *saudade,* jenes Wort, das in fast jeder Unterhaltung mit einem Portugiesen fällt und noch weit mehr meint als Stolz auf die Schwermut und Lust am Leiden. »Ich trage das Bewußtsein der Niederlage wie ein Siegespanier mit mir herum«, liest man in Pessoas »Buch der Unruhe«. Was für ein portugiesischer Satz!

Da man in Portugal jedoch stets im stolzen Bewußtsein der saudade lebt, stößt man mit der Realität immer wieder empfindlich zusammen. Daher dann die große Müdigkeit im portugiesischen Volk, die große Passivität, der große Überdruß, daher mehr Klage als Anklage, daher das tragische Lebensgefühl als Grundzug eines ganzen Volkes, daher die Ehrfurcht vor dem Leiden, das in Portugal womöglich noch mehr verehrt wird als selbst in Rußland (Reinhold Schneider hat von einer geheimen Verwandtschaft zwischen der portugiesischen und der russischen Sprache gesprochen), daher die Liebe zur Poesie, zum poetischen Ausdruck (in diesem Land, das ja noch immer Analphabetismus kennt, werden vergleichsweise mehr Gedichte geschrieben als in jedem anderen Land). Daher aber auch der Hang zum

Okkultismus, zur Astrologie, die Bereitschaft, auf Botschaften aus anderen Welten zu lauschen. Über Pessoas okkultistische, astrologische, theosophische Neigungen ließe sich ein dickes Buch verfassen; kein Wunder, daß der englische Magier Aleister Crowley, den er brieflich auf einen Fehler in einem seiner Horoskope aufmerksam gemacht hatte, sich sofort auf den Weg nach Lissabon machte, um Pessoa persönlich kennenzulernen. Und was das Labyrinthische angeht, so genügt ein einziger Blick auf die nur in Portugal anzutreffende manuelinische Architektur mit ihren unentwirrbaren steinernen Tauen und Verschlingungen, um zu begreifen, daß das Labyrinth das eigentliche Wappenzeichen des Portugiesen ist; ebenso wie jeder, der die Städte Porto und Lissabon kennt, die beide etwas Ruinenhaftes haben und dieses auch noch zu kultivieren scheinen, die Affinität des Portugiesen (und des portugiesischen Künstlers zumal) zum Abbrechen einer angefangenen Arbeit, zum Fragmentarischen zum undeutlich Gesprochenen verstehen wird.

In Pessoa verkörpern sich alle die angedeuteten portugiesischen Eigenschaften eher im Übermaß als versteckt. Und nicht nur daß das Meer (das Robert Walser vermutlich nie erblickt hat) auch außer in seinem gewaltigen 40-Seiten-Poem »Meeresode« eine zentrale Rolle in Pessoas Poesie spielt, er hat in seinem einzigen zu Lebzeiten publizierten Gedichtband »Mensagem« auch fast nationalistische Töne angeschlagen und viele der Portalfiguren der portugiesischen Geschichte in einem mythischen Licht imaginiert. Darunter nicht von ungefähr auch Dom Sebastian, den jenseits des Meeres Verschollenen, mit dem sich Pessoa heftig identifiziert. In seinem geradezu als Schlüsselgedicht zu verstehenden Dom-Sebastian-Gedicht läßt er diesen bekennen, daß er den Traum – den er zugleich auch »Torheit« nennt – zwar »zu heftig erlebte«, daß aber dieser Traum, der ihn getötet habe, ihn zugleich lebendig erhalte über alle Zeiten hinweg. Das Gedicht endet mit einer Botschaft – »Mensagem« = Botschaft – an das portugiesische Volk:

> Erbt meine Torheit von mir
> mit allem, was in ihr gärt!
> Was wäre mehr als das satte Tier
> der Mensch ohne Torheit wert,
> lebendiger Leichnam, der sich vermehrt!

(das »minha loucura« des portugiesischen Originals ließe sich statt mit »Torheit« legitim auch mit *Wahnsinn* übersetzen: »Erbt meinen Wahnsinn!«)

Doch ebenso wie ihn der Traum = die Torheit umtreibt, hält ihn auch die große Müdigkeit seines Volkes gefangen: Pessoa ist der Dichter der äußersten Passivität, des äußersten Überdrusses. Wenn Robert Walser von Trägheit spricht, wird bei ihm gleich eine »beschwingte Trägheit« daraus (ein sehr bezeichnendes Walsersches Oxymoron!) und die Müdigkeit, die seinen »Knirps« auszeichnet, ist von dieser Art: »Dann und wann trug seine wie aus einer Art von Eingeschlafenheit quillende Geschicklichkeit den Stempel berechneter Naivität oder gekünstelter Ungekünsteltheit!« Pessoas Passivität und Müdigkeit jedoch ist von vergleichsweise tragischer, eben von portugiesischer Art; er, der seinen Álvaro de Campos einmal zu jenen Portugiesen rechnet, »die seit der Entdeckung Indiens arbeitslos sind«, hat mit einer verzweifelt niederdrückenden Müdigkeit zu kämpfen, mit einem alles vergiftenden Überdruß. Es ist ein aussichtsloser Kampf. Am 18. 9. 1933, zwei Jahre vor seinem Tod, notiert Pessoa = Soares in sein Tagebuch: »Der Überdruß ist nicht die Langeweile des Nichts-zu-tun-Habens, sondern die ärgere Krankheit, zu fühlen, daß es sich nicht lohnt, irgend etwas zu tun. Und da dem so ist, muß man, je mehr zu tun ist, desto mehr Überdruß empfinden.«

Aus demselben Jahr stammt eine Eintragung im »Buch der Unruhe«, in der Pessoas Polypersonalität gleichsam noch um eine Figur erweitert wird: »Ich bin an jenen Punkt gelangt, an dem der Überdruß zur Person wird, zur verkörperten Fiktion meines Zusammenlebens mit mir selber.« Im Gedicht »Sommerfrische« von Álvaro de Campos, in dem es zunächst heißt: »Ich kam hierher zur Erholung, / doch ich vergaß, mich zu Hause lassen«, durchtränkt der Überdruß am Ich – oder vielmehr der personifizierte Überdruß – jeden Tag und macht jeden zur Qual; das Gedicht endet mit der drastischen Zeile (die auch einen Blick auf den Alkoholiker Pessoa freigibt): »Weiß- oder Rotwein, es ist das gleiche: es ist zum Kotzen.« Schließlich steigert sich der Überdruß bei Pessoa zum Ekel, Ekel über den nicht mehr zurückzunehmenden Akt der Schöpfung: »Zuweilen überkommt mich ein so schrecklicher Lebensüberdruß, daß es nicht einmal die Vorstellung einer Handlung gibt, mit der ich ihn meistern könnte. Um ihm abzuhelfen, erscheint mir der Selbstmord als zu unsicher, der Tod, selbst wenn er Unbewußtsein herbeiführen würde, als viel zu wenig. Es ist ein Überdruß, der nicht darauf abzielt, das Existieren zu beenden, was durchaus möglich oder nicht möglich sein kann – sondern auf das Schrecklichere und weitaus tiefer Reichende erpicht ist, *niemals existiert zu haben,* was ganz und gar unmöglich ist.«

Oder doch möglich, nämlich jenem mythischen Denken, das Pessoa dazu veranlaßte, in einem seiner Gedichte Ulysses als den eigentlichen Gründer Lissabons erscheinen zu lassen. Ulysses war wirklich und ist wirklich, weil er nie existierte, suggeriert dieses Gedicht. So wirklich wie Bernardo Soares, Ricardo Reis, Alberto Caiero oder Álvaro de Campos, die auch nie leibhaftig existierten, so wirklich wie jeder künstlerisch gefaßte Traum, so wirklich wie alle große Poesie, zu der Fernando Pessoas Werk so sicher wie das Robert Walsers zu zählen ist. Beide sind nicht nur Märtyrer der Dichtung, sondern auch Sieger im Scheitern. Wie solche aus Niederlagen gewonnene Siege aussehen, dafür soll zuletzt eines der späte Gedichte von Pessoa ipse zeugen:

> Ich bin ein Flüchtling.
> Mein Leben begann,
> da schloß man mich ein,
> ich aber entrann.

# Álvaro de Campos

## TABACARIA

Não sou nada.
Nunca serei nada.
Não posso querer ser nada.
À parte isso, tenho em mim todos os sonhos do mundo.

Janelas do meu quarto,
Do meu quarto de um dos milhões do mundo que ninguém sabe quem é
(E se soubessem quem é, o que saberiam?),
Dais para o mistério de uma rua cruzada constantemente por gente,
Para uma rua inacessível a todos os pensamentos,
Real, impossivelmente real, certa, desconhecidamente certa,
Com o mistério das coisas por baixo das pedras e dos seres,
Com a morte a pôr humidade nas paredes e cabelos brancos nos homens,
Com o Destino a conduzir a carroça de tudo pela estrada de nada.

Estou hoje vencido, como se soubesse a verdade.
Estou hoje lúcido, como se estivesse para morrer,
E não tivesse mais irmandade com as coisas
Senão uma despedida, tornando-se esta casa e este lado da rua
A fileira de carruagens de um comboio, e uma partida apitada
De dentro da minha cabeça,
E uma sacudidela dos meus nervos e um ranger de ossos na ida.

## Tabakladen

Ich bin nichts.
Ich werde nie etwas sein.
Ich kann auch nichts sein wollen.
Abgesehen davon, trage ich in mir alle Träume der Welt.

Ihr Fenster meines Zimmers
(des Zimmers von einem der Millionen auf Erden, von dem
    niemand weiß, wer er ist,
und wüßten sie, wer er ist, was wüßten sie dann?)
führt zum Geheimnis der ständig von Menschen
    bevölkerten Straße,
auf eine Straße, unzugänglich für alle Gedanken,
wirklich, unmöglich wirklich, und sicher, ganz unbekannt
    sicher,
mit dem Geheimnis der Dinge unterhalb ihrer Steine und
    Lebewesen,
mit dem Tod, der Feuchtigkeit auf die Wände und weißes
    Haar auf die Menschen legt,
mit dem Schicksal, das die Karosse des Ganzen über die
    Straße des Nichts lenkt.

Ich bin heut' zerschlagen, als ob ich die Wahrheit wüßte.
Ich bin heut' so geistesklar, als ob ich sterben müßte
und keine andere Bruderschaft zu den Dingen besäße
als einen Abschied, bei dem dieses Haus, diese Straßenseite
zur Wagenreihe eines Zuges, zum Signal der Abfahrt
in meinem Kopfe werden,
zur Nervenerschütterung und zum Knochenknirschen bei
    der Abfahrt.

Estou hoje perplexo, como quem pensou e achou e
   es-quecen.
Estou hoje dividido entre a lealdade que devo
À Tabacaria do outro lado da rua, como coisa real por fora,
E à sensação de que tudo é sonho, como coisa real por
   dentro.

Falhei em tudo.
Como não fiz propósito nenhum, talvez tudo fosse nada.
A aprendizagem que me deram,
Desci dela pela janela das traseiras da casa.
Fui até ao campo com grandes propósitos.
Mas lá encontrei só ervas e árvores,
E quando havia gente era igual à outra.
Saio da janela, sento-me numa cadeira. Em que hei de
   pensar?

Que sei eu do que serei, eu que não sei o que sou?
Ser o que penso? Mas penso ser tanta coisa!
E há tantos que pensam ser a mesma coisa que não pode
   haver tantos!
Génio? Neste momento
Cem mil cérebros se concebem em sonho génios como eu,
E a história não marcará, quem sabe?, nem um,
Nem haverá senão estrume de tantas conquistas futuras.
Não, não creio em mim.
Em todos os manicómios há doidos malucos com tantas
   certezas!
Eu, que não tenho nenhuma certeza, sou mais certo ou
   menos certo?
Não, nem em mim...
Em quantas mansardas e não-mansardas do mundo
Não estão nesta hora génios-para-si-mesmos sonhando?

Ich bin heut' fassungslos wie jemand, der dachte und fand
    und vergaß.
Ich teile mich heut' in die Treue, die ich
dem Tabakladen der anderen Straßenseite als äußerer
    Wirklichkeit schulde,
und in die Empfindung, daß alles nur Traum ist, als innere
    Wirklichkeit.

Ich bin in allem gescheitert.
Da ich planlos verfuhr, war dies alles vielleicht auch nichts.
Aus der Ausbildung, die man mir gab,
stieg ich aus durch das Fenster der Hausrückwand.
Mit großen Vorsätzen ging ich aufs Land.
Aber dort fand ich nur Gräser und Bäume,
und wenn ich Menschen traf, waren sie gleich den anderen.
Ich gehe vom Fenster weg und setze mich auf einen Stuhl.
    Woran soll ich denken?

Was weiß ich von dem, was ich sein werde, ich, der nicht
    weiß, was ich bin?
Bin ich der, für den ich mich halte? Aber ich halte mich für
    so vielerlei.
Und so viele glauben dasselbe zu sein, daß es so viele nicht
    geben kann!
Genius? In diesem Augenblick
halten sich hunderttausend Gehirne wie ich im Traum für Genien,
und die Geschichte wird möglicherweise nicht einen verzeichnen,
sie sind nur Dünger für so viele künft'ge Eroberungen.
Nein, ich glaub' nicht an mich.
In allen Irrenhäusern sind Irre mit ungezählten Gewißheiten!
Bin ich, der keine Gewißheit kennt, nun ungewisser oder gewisser?
Nein, nicht einmal an mich ...
In ungezählten Mansarden und Nicht-Mansarden der Welt
träumen zu dieser Stunde Möchte-Genies!

Quantas aspirações altas e nobres e lúcidas–
Sim, verdadeiramente altas e nobres e lúcidas–,
E quem sabe se realizáveis,
Nunca verão a luz do sol real nem acharão ouvidos de gente?
O mundo é para quem nasce para o conquistar
E não para quem sonha que pode conquistá-lo, ainda que tenha razão.
Tenho sonhado mais que o que Napoleão fez.
Tenho apertado ao peito hipotético mais humanidades do que Cristo,
Tenho feito filosofias em segredo que nenhum Kant escreveu.
Mas sou, e talvez serei sempre, o da mansarda,
Ainda que não more nela;
Serei sempre *o que não nasceu para isso;*
Serei sempre só *o que tinha qualidades;*
Serei sempre o que esperou que lhe abrissem a porta ao pé de uma parede sem porta,
E cantou a cantiga do Infinito numa capoeira,
E ouviu a voz de Deus num poço tapado.
Crer em mim? Não, nem em nada.
Derrame-me a Natureza sobre a cabeça ardente
O seu sol, a sua chuva, o vento que me acha o cabelo,
E o resto que venha se vier, ou tiver que vir, ou não venha.
Escravos cardíacos das estrelas,
Conquistamos todo o mundo antes de nos levantar da cama;
Mas acordamos e ele é opaco,
Levantamo-nos e ele é alheio,
Saímos de casa e ele é a terra inteira,
Mais o sistema solar e a Via Láctea e o Indefinido.

Wie viele hohe und edle und lichtvolle Pläne –
ja, wahrhaft hoch und edel und lichtvoll
und vielleicht durchaus zu verwirklichen –
werden nie das Licht der wirklichen Sonne erblicken und nie
  zu den Ohren der Menschen gelangen!
Die Welt ist für den, der geboren ist, sie zu erobern
und nicht für den, der träumt, daß er sie erobern könnte,
  selbst wenn er recht hat.
Ich habe mehr geträumt als Napoleon.
Ich habe mehr Menschheit an meine Brust gezogen als
  Christus,
ich habe heimlich Philosophien ersonnen, die keinem Kant
  aus der Feder geflossen sind.
Aber ich bin, und vielleicht für immer, der Mansarden-
  bewohner,
auch wenn ich nicht darin wohne;
ich werde immer ein Mensch sein, »der nicht dazu geboren war«;
ich werde immer nur »ein begabter Bursche« sein;
ich werde immer der Mann sein, der wartete, daß man ihm
  die Tür der türlosen Wand aufschlösse,
der das Lied des Unendlichen in einem Hühnerstall sang,
der Gottes Stimme in einem verdeckten Brunnen hörte.
An mich glauben? O nein, an gar nichts.
Schütte mir die Natur auf mein glühendes Haupt
ihre Sonne und ihren Regen und ihren Wind, der mein Haar
  zu finden weiß,
und das Übrige komme, wenn's kommt, wenn es kommen
  muß, oder es komme nicht.
Herzkranke Sklaven der Gestirne,
erobern wir die gesamte Welt, eh' wir vom Bett aufstehn;
doch wir erwachen, und sie ist undurchsichtig,
wir erheben uns, und sie ist fremd,
wir verlassen das Haus, und sie ist die ganze Erde,
das Sonnensystem, die Milchstraße und das Grenzenlose.

(Come chocolates, pequena;
Come chocolates!
Olha que não há mais metafísica no mundo senão
  chocolates.
Olha que as religiões todas não ensinam mais que a
  confeitaria.
Come, pequena suja, come!
Pudesse eu comer chocolates com a mesma verdade com
  que comes!
Mas eu penso e, ao tirar o papel de prata, que é de folha de
  estanho,
Deito tudo para o chão, como tenho deitado a vida.)
Mas ao menos fica da amargura do que nunca serei
A caligrafia rápida destes versos,
Pórtico partido para o Impossível.
Mas ao menos consagro a mim mesmo um desprezo sem
  lágrimas,
Nobre ao menos no gesto largo com que atiro
A roupa suja que sou, sem rol, pra o decurso das coisas,
E fico em casa sem camisa.

(Tu, que consolas, que não existes e por isso consolas,
Ou deusa grega, concebida como estátua que fosse viva,
Ou patrícia romana, impossivelmente nobre e nefasta,
Ou princesa de trovadores, gentilíssima e colorida,
Ou marquesa do século dezoito, decotada e longínqua,
Ou cocote célebre do tempo dos nossos pais,
Ou não sei quê moderno – não concebo bem o quê –,
Tudo isso, seja o que for, que sejas, se pode inspirar que
  inspire!

(Iß Schokolade, kleines Mädchen;
iß Schokolade!
Sieh, es gibt keine andere Metaphysik auf der Welt als
   Schokolade.
Sieh, alle Religionen lehren nicht mehr als die Konditorei.
Iß nur, schmutzige Kleine, iß!
Könnte ich Schokolade essen mit der gleichen Unbefangen-
   heit, mit der du ißt!
Aber ich denke und, wenn ich das Silberpapier abnehme,
   das nur aus Stanniol besteht,
werfe ich alles zu Boden, wie mein Leben.)


Wenigstens aber bleibt von der Bitternis dessen, was ich nie
   sein werde,
die hastige Schönschrift dieser Verse,
zerborstene Säulenhalle hin zum Unmöglichen.
Mindestens weih' ich mir selbst eine tränenlose Verachtung,
edel mindestens in der weiten Gebärde, mit der ich
die schmutzige Wäsche – mein Ich – wegschleudere, ohne
   Verzeichnis, fort in den Ablauf der Dinge,
und zu Hause bleibe – ohne Hemd.


(Du Tröstliche, die nicht vorhanden ist und deshalb tröstet,
griechische Göttin, als lebendes Standbild gemeißelt,
oder Patrizierin Roms, undenkbar edel und unheilvoll,
oder Herrin der Minnesänger, strahlend vor Anmut,
oder Marquise des Rokokos, dekolletiert und fern,
berühmte Kokotte der Zeit unsrer Eltern
oder auch Modernes – was, weiß ich nicht –
dies alles, es sei, was es sei, inspiriere, wenn es noch
   inspirieren kann!

Meu coração é um balde despejado.
Como os que invocam espíritos invocam espíritos invoco
A mim mesmo e não encontro nada.
Chego à janela e vejo a rua com uma nitidez absoluta.
Vejo as lojas, vejo os passeios, vejo os carros que passam,
Vejo os entes vivos e vestidos que se cruzam,
Vejo os cães que também existem,
E tudo isto me pesa como uma condenação ao degredo,
E tudo isto é estrangeiro, como tudo.)

Vivi, estudei, amei, e até cri,
E hoje não há mendigo que eu não inveje só por não ser eu.
Olho a cada um os andrajos e as chagas e a mentira,
E penso: talvez nunca vivesses nem estudasses nem amasses nem cresses
(Porque é possível fazer a realidade de tudo isso sem fazer nada disso);
Talvez tenhas existido apenas, como um lagarto a quem cortam o rabo
E que é rabo para aquém do lagarto remexidamente.

Fiz de mim o que não soube,
E o que podia fazer de mim não o fiz.
O dominó que vesti era errado.
Conheceram-me logo por quem não era e não desmenti, e perdi-me.
Quando quis tirar a máscara,
Estava pegada à cara.

Mein Herz ist ein ausgeleerter Eimer.
Wie Menschen, die Geister beschwören, Geister
    beschwören, beschwör' ich
mich selber und finde nichts.
Ich trete ans Fenster und sehe die Straße in völliger Klarheit.
Ich sehe die Läden, die Bürgersteige, vorüberfahrende
    Wagen,
ich seh' die lebendigen und bekleideten Wesen, die
    aneinander vorübergehn,
ich sehe die Hunde, die ebenfalls leben,
und all dies lastet auf mir wie ein Bann,
und all dies ist Fremde.)

Ich habe gelebt, studiert, geliebt und sogar geglaubt,
und heute beneide ich jeden Bettler, nur weil er nicht ich ist.
Ich sehe die Lumpen und Wunden und Lügen jedes
    einzelnen
und denke bei mir: vielleicht hast du nie gelebt und studiert
    und geliebt und geglaubt
(denn man kann das alles in Wirklichkeit tun und es doch
    nicht tun),
vielleicht hast du nur existiert wie eine Eidechse, der man
    den Schwanz abreißt,
und er bleibt Schwanz und krümmt sich, getrennt von der
    Eidechse.

Ich machte aus mir, was ich nicht verstand,
und was ich machen konnte aus mir, das ließ ich bleiben.
Der Domino, den ich anzog, verfing nicht.
Man erkannte mich gleich als den, der ich nicht war; ich
    wehrte mich nicht und verlor mich.
Als ich die Maske abnehmen wollte,
blieb sie am Gesicht kleben.

Quando a tirei e me vi ao espelho,
Já tinha envelhecido.
Estava bêbado, já não sabia vestir o dominó que não tinha tirado.
Deitei fora a máscara e dormi no vestiário
Como um cão tolerado pela gerência
Por ser inofensivo
E vou escrever esta história para provar que sou sublime.

Essência musical dos meus versos inúteis,
Quem me dera encontrar-te como coisa que eu fizesse,
E não ficasse sempre defronte da Tabacaria de defronte,
Calcando aos pés a consciência de estar existindo,
Como um tapete em que um bêbado tropeça
Ou um capacho que os ciganos roubaram e não valia nada.

Mas o Dono da Tabacaria chegou à porta e ficou à porta.
Olho-o com o desconforto da cabeça mal voltada
E com o desconforto da alma mal-entendendo.
Ele morrerá e eu morrerei.
Ele deixará a tabuleta, eu deixarei versos.
A certa altura morrerá a tabuleta também, e os versos também.
Depois de certa altura morrerá a rua onde esteve a tabuleta,
E a língua em que foram escritos os versos.
Morrerá depois o planeta girante em que tudo isto se deu.

Als ich sie abnahm und mich im Spiegel betrachtete,
war ich gealtert.
War ich betrunken, verstand es nicht mehr, den Domino
anzuziehn, den ich nicht abgelegt hatte.
Ich warf die Maske fort und schlief im Ankleideraum,
ein Hund, den die Verwaltung duldet,
weil er nicht beißt,
und ich schreibe diese Geschichte, um zu beweisen, daß ich
sublim bin.

Musik meiner müßigen Verse,
was gäbe ich drum, dich zu finden als etwas von mir
Erschaffenes,
statt immer dem Tabakladen von gegenüber gegenüber zu
bleiben
und das Bewußtsein zu leben mit Füßen zu treten
wie einen Teppich, auf dem ein Betrunkener strauchelt,
oder die Fußmatte, die die Zigeuner stahlen und die nichts
mehr taugte.

Doch der Besitzer des Tabakladens trat an die Tür und blieb
an der Tür.
Ich betrachte ihn mit dem Unbehagen des schräg gedrehten
Kopfes
und mit dem Unbehagen der mißverstehenden Seele.
Er wird sterben, und ich werde sterben.
Er wird das Ladenschild hinterlassen, und ich hinterlasse
Verse.
Irgendwann verrotten dann das Ladenschild und auch die
Verse.
Nach einiger Zeit stirbt die Straße, in der das Ladenschild hing,
und die Sprache, in der die Verse geschrieben wurden.
Später stirbt dann der kreisende Planet, auf dem sich dies
alles zutrug.

Em outros satélites de outros sistemas qualquer coisa como gente
Continuará fazendo coisas como versos e vivendo por baixo de coisas como tabuletas,
Sempre uma coisa defronte da outra,
Sempre uma coisa tão inútil como a outra,
Sempre o impossível tão estúpido como o real,
Sempre o mistério do fundo tão certo como o sono de mistério da superfície,
Sempre isto ou sempre outra coisa ou nem uma coisa nem outra.

Mas um homem entrou na Tabacaria (para comprar tabaco?)
E a realidade plausível cai de repente em cima de mim.
Semiergo-me enérgico, convencido, humano,
E vou tencionar escrever estes versos em que digo o contrário.

Acendo um cigarro ao pensar em escrevê-los
E saboreio no cigarro a libertação de todos os pensamentos.
Sigo o fumo como uma rota própria,
E gozo, num momento sensitivo e competente,
A libertação de todas as especulações
E a consciência de que a metafísica é uma consequência de estar mal disposto.

Depois deito-me para trás na cadeira
E continuo fumando.
Enquanto o Destino mo conceder, continuarei fumando.

(Se eu casasse com a filha da minha lavadeira
Talvez fosse feliz.)
Visto isto, levanto-me da cadeira. Vou à janela.

Auf anderen Satelliten anderer Sternsysteme werden
 menschenähnliche Wesen
fortfahren, solche Dinge wie Verse zu machen und unter
 Dingen wie Ladenschildern zu leben,
immer das eine dem anderen gegenüber,
immer das eine so nutzlos wie das andere,
das Unmögliche immer so töricht wie das Reale,
das Geheimnis am Grund immer so sicher wie der Geheim-
 nisschlaf an der Oberfläche,
immer dies oder anderes oder weder dies noch das andere.

Doch ein Mann trat ein in den Tabakladen (um Tabak zu
 kaufen?),
und die glaubhafte Wirklichkeit überwältigt mich jäh.
Ich richte mich auf, energisch und überzeugt und menschlich,
und will versuchen, diese Verse zu schreiben, in denen ich
 grade das Gegenteil sage.

Bei dem Gedanken, sie schreiben zu wollen, zünd' ich mir
 eine Zigarette an
und genieße beim Rauchen Befreiung von allen Gedanken.
Ich verfolge den Rauch, als wär's mein eigener Weg,
und genieße in einem feinfühligen, dazu passenden Augenblick
die Befreiung von allen Spekulationen
und das Bewußtsein, daß Metaphysik nur die Folge
 schlechter Gesundheit ist.

Dann lehne ich mich auf dem Stuhl zurück
und rauche weiter.
Solange das Schicksal es mir erlaubt, will ich weiterrauchen.

(Wenn ich die Tochter meiner Waschfrau heiraten würde,
würde ich möglicherweise glücklich.)
Mit dieser Einsicht steh' ich vom Stuhl auf. Ich trete ans Fenster.

O homem saiu da Tabacaria (metendo troco na algibeira das calças?).
Ah, conheço-o; é o Esteves sem metafísica.
(O Dono da Tabacaria chegou à porta.)
Como por um instinto divino o Esteves voltou-se e viu-me.
Acenou-me adeus, gritei-lhe *Adeus ó Esteves!*, e o universo
Reconstruiu-se-me sem ideal nem esperança, e o Dono da Tabacaria sorriu.

Der Mann hat den Tabakladen verlassen (und das Wechsel-
 geld in die Hosentasche gesteckt?).
Ah, ich kenne ihn; es ist der Stefan ohne Metaphysik.
(Der Besitzer des Tabakladens trat an die Tür.)
Wie auf Göttergeheiß hat der Stefan sich umgedreht und
 mich erblickt.
Er winkte mir zu, ich rief: Auf Wiedersehn, Stefan!, und das
 Weltall
fügte sich, ohne Hoffnung und Ideale, für mich zusammen,
 und der Besitzer des Tabakladens lächelte.

# Das Gedicht »Tabakladen«:
# Eine Analyse

## von Georges Güntert

In dem 1932 erschienenen Aufsatz *Die geistigen Veranlagungen der Portugiesen* äußert sich Pessoa kritisch über die seinen Landsleuten eigene Tendenz zum Improvisieren und über deren spärlich entwickelten Formwillen, ohne den es keine wahrhaft große Kunst gebe. »Unsere Schriftsteller und Künstler«, so meint er, »sind nicht imstande, ein Werk gründlich durchzudenken, bevor sie es niederschreiben; sie verstehen es nicht, die ihnen durch die Sinne eingegebenen emotionellen Inhalte dem gestaltenden Intellekt unterzuordnen und diese straff zu koordinieren; sie ignorieren die Bedeutung der Disposition und wissen nicht, daß ein Gedicht nichts anderes ist als ein Körper aus emotionalem Fleisch über einem rationalen Gerüst.«[1]

Dieser vier Jahre nach dem Gedicht »Tabakladen« entstandene Text erinnert an Pessoas früheste literaturtheoretische Schriften, die 1912 in der Zeitschrift »A Aguia« publiziert worden waren. Darin hatte der junge, von Poe und Baudelaire beeinflußte Kritiker an die neue Dichtkunst Portugals drei wichtige Forderungen gestellt: diese habe, anders als die Poesie des Symbolismus, nicht nur »vage« und »subtil«, sondern auch »komplex« zu sein, was durch die Unterwerfung der emotionellen Regungen unter die Kontrolle des gestaltenden Intellekts erreicht werden könne.[2] Kunst

---

[1] F. Pessoa, »O caso mental português in *Fama,* I, 30. Nov. 1932, Lissabon. Auf diesen Artikel verweist auch Joaquim Montezuma de Carvalho: »Tabacaria, um poema de F. P. e as correntes filosóficas de século XX«, in *Ocidente,* LXXXII, April 1972, S. 129–134.

[2] Ebenfalls in F. Pessoa, *A nova poesia portuguesa,* Lissabon, Inquérito, 1944, S. 71–72.

sei »bewußt gewordene Empfindung«, heißt es dann in der 1914 entstandenen Poetik des Sensationismus, und dies wiederum bedinge, daß man sie nicht als bloße Eingebung oder als Gefühlserguß, sondern immer auch als durchdachte Komposition verstehe.[3] Ein vollkommenes Gedicht sei einem Organismus, ja, »einem (bewußten) menschlichen Wesen« vergleichbar.[4]

In der Forderung nach einem Kunstwerk, das als Vergeistigung der Emotion und Versinnlichung der Idee definiert wird, zeigt sich Pessoas radikales Verständnis der Modernität. Dieses führt ihn zur Selbstaufgabe des Ichs und schließlich zur Entpersönlichung des dichterischen Ausdrucks. Im Text findet er nicht sein eigenes Ich wieder, sondern ein anderes, verwandeltes. Ob er nun seine eigenen Gefühle nur betrachtet, wie man das beim Schreiben immer tut, oder ob er eine fiktive Person ausdenkt, welche die im Text ausgedrückten Gefühlsinhalte als ihre eigenen empfände, er befindet sich immer schon auf dem Weg zur Entpersönlichung. Die Erfindung der Heteronyme, die Pessoa selbst ins Jahr 1914 datiert, erscheint als konsequentes Zuendedenken einer von Keats, Poe und Baudelaire hergeleiteten Theorie des modernen Kunstschaffens.

Die Aufspaltung der Persönlichkeit erwächst bei Pessoa aus dem Unvermögen, sich selber als *denkendes* und zugleich als *empfindendes* Subjekt zu erfassen. Weil sein Ich im Gedicht nicht denken *und* fühlen kann (denn, wo es fühlt, »lügt« es, und wo es denkt, schwindet das poetisch-emotionale Element), weil es also die angestrebte Komplexität nie ganz erreicht, muß Pessoa andere »Dichterpersonen« erfinden, die sein Gefühlserlebnis auch im Text noch bejahen

---

[3] Ich beziehe mich auf einen Prosatext Pessoas aus dem Jahre 1916, erschienen in *Páginas íntimas e de auto-interpretação*, Lissabon, Atica, 1966, S. 137. Es handelt sich um einen Brief an einen englischen Verleger.
[4] F. Pessoa, *Páginas íntimas ...*, op., cit. S. 139.

und es dem vernichtenden Eingriff des Intellekts entziehen. Die neu entstehenden Heteronyme – sie heißen Caeiro, Campos und Reis – sind daher zunächst vor allem *empfindende* Subjekte, welche, ganz dem Leben zugewandt, ihr Erlebnis unmittelbar erfassen und wiedergeben möchten.

Es fragt sich nun, ob wenigstens sie, die Heteronyme, zu einer unmittelbar erlebten Dichtung fähig sind und sich Pessoas Forderung nach einer reflektierenden Kunst entziehen können. Die drei neuen Dichter verhalten sich in dieser Hinsicht unterschiedlich. Für den formbewußten Klassiker Ricardo Reis sind Empfindungen nichts anderes als Ideen, welche sich leicht und elegant in Form kleiden lassen, denn »Emotionen bilden nicht die Grundlage der Poesie; sie sind nur das Mittel, dessen sich die Idee bei der Sprachwerdung bedient«[5]. Wenn Ricardo Reis Gefühle kurzerhand zu Ideen erhebt, so vertritt Alberto Caeiro, der Bukoliker, das entgegengesetzte Extrem. Seiner Meinung nach ist beim Dichten »das Gefühl alles, das Denken hingegen nur Morbidität«[6]. Geistige Gesundheit und Lebensfreude sind die Früchte dieser Haltung. Doch wie sehr auch Caeiro darauf bedacht ist, die Dinge nur »mit dem körperlichen und nicht mit dem geistigen Auge zu schauen«, so muß doch gesagt sein, daß auch er nicht ums Reflektieren herumkommt. Diese Inkonsequenz führt ihn zu widersprüchlichen Aussagen: Caeiros Poetik hebt sich bald einmal selbst auf.

Von den drei heteronymen Dichtern ist Álvaro de Campos der weitaus komplizierteste, weil er sich entwickelt und mehrere Etappen durchläuft. Schrieb Campos der Futurist (1915) seine großen Oden impulsiv, »fiebrig und mit den Zähnen knirschend«, so erscheint er im Gedicht »Tabakladen« (1928) als »scharfsinniger, aber besiegter«, seines Denkens überdrüssig gewordener Denker. Campos entwickelt

---

[5] F. Pessoa, *Páginas íntimas* ..., op., cit. S. 394.
[6] F. Pessoa, *Páginas íntimas* ..., op., cit. S. 349.

sich vom frenetischen, leidenschaftlichen Subjekt, das alle Gefühle der Welt erleiden und sich selbst an die Welt ausliefern möchte, zum desillusionierten, weltverneinenden Denker. In gleichem Maße verändert sich auch sein dichterischer Ausdruck: anfangs hektisch aufgewühlt und chaotisch, beruhigt sich dieser allmählich und findet zu gelasseneren Formen. Gerade bezüglich des frühen Campos wird man sich aber fragen, ob sein wirres, delirierendes Sprechen irgendeinem Ordnungsprinzip untersteht und ob es hier auch schon eine denkende, strukturierende Instanz gibt. Wer denkt in ihm, wer lenkt die Rede seines Ichs, wenn es, den Empfindungen scheinbar ausgeliefert, sich in wilden Schreien Luft macht? Hat vielleicht Pessoa dieses Werk als Ausnahme betrachtet und für einmal die Theorie des bewußten Dichtens hintangestellt?[7]

Die Problematik der gelenkten Spontaneität erscheint leichter verständlich, wenn wir den poetischen Text als *Diskurs* und die Dichtung als eine Form von *Kommunikation* betrachten. Wir gehen heute von der Annahme aus, daß das literarische Ich immer schon eine hierarchische Strukturierung voraussetzt und nicht einem, sondern mehreren, sich überlagernden Subjekten entspricht. Im Text erscheint es einerseits als denkende, fühlende oder handelnde Ich-Person, andererseits auch als Ich-Erzähler, wodurch es Funktio-

---

[7] Das Heteronym Ricardo Reis vertritt in einer Kontroverse mit Campos die Ansicht, dessen freie Verse seien eigentlich nur eine »in hohem Maße emotionsgeladene und rhythmische Prosa« (*Pág. int* . . ., op. cit., S. 396). Reis spricht ihr »einen gewissen Grad an Vergeistigung« nicht ab, doch glaubt er, die »Idee vermöge hier die Emotionalität nicht zu bewältigen«, wodurch der Eindruck des Chaotischen entstehe und schließlich überwiege. Die poetische Prosa des Campos wurzle in einer intuitiven, halbbewußten Grundhaltung im Bereich des Imaginären (vgl. *Páginas íntimas* . . ., op. cit., S. 395). Reis' kritische Bemerkungen müßten freilich in einen größeren Zusammenhang gestellt werden: indem Pessoa, der Schöpfer sowohl Reis' als auch Campos', diese beiden Heteronyme einander gegenübertreten läßt, so daß sie sich gegenseitig beurteilen können, treibt er ein höchst verwickeltes Spiel, bei dem nur er die Übersicht behält.

nen sowohl auf der Ebene der Aussage (»énoncé«) als auch auf derjenigen des Aussageprozesses (»énonciation«) übernimmt. Das Auftreten eines Ich-Erzählers im Text läßt aber zudem auf das Vorhandensein einer weiteren Kommunikationsinstanz schließen, welche die Aktivitäten des Erzählers lenkt und als höchstes aller wirkenden Subjekte für den Text als ganzen verantwortlich zeichnet. Zwischen dieser, den Text organisierenden Intelligenz (»énonciateur«) und dem mit ihr in Beziehung tretenden Leser (»énonciataire«) spielt sich der Kommunikationsakt bei der Lektüre ab.[8]

Bei Pessoa wird nun zwischen Autor und Enonciateur scharf getrennt. Weil der Dichter nicht an die Identität von empirischem Autor-Ich und Text-Ich glaubt, ist er genötigt, die dem Gedicht innewohnende Intelligenz (und Sensibilität) einer anderen Person, einem Heteronym, zuzuschreiben. Und wo er dennoch Identität postuliert, ist das Text-Ich nur ein Bündel von negativen Aussagen, ein Nicht-Ich.

Auch bei der Analyse des Gedichts »Tabakladen« ist eine klare Unterscheidung der Redeinstanzen vonnöten. Campos erscheint darin als handelndes und als sprechendes bzw. schreibendes Ich. Ihm, Campos (und nicht etwa Pessoa selbst), muß auch das dem Gedicht innewohnende Gestaltungsprinzip zugeschrieben werden, das der Leser beim interpretierenden Lesen herausarbeitet und rekonstruiert. Dabei muß ihm bewußt sein, daß die Überzeugungen des Álvaro de Campos von denjenigen Pessoas abweichen können, so daß für das Spiel der Ironie noch Raum offen bleibt.

---

[8] Bezüglich der in diesem Aufsatz verwendeten Terminologie verweisen wir auf A. J. Greimas und J. Courtès, *Sémiotique*, Dictionnaire raisonné de la théorie du langage, Paris, Hachette, 1979.

Wie gehen wir nun vor, um den inneren Aufbau des Gedichtes »Tabakladen« zu erfassen? Zunächst empfiehlt sich ein Vergleich der Formen des *Ausdrucks* (Metrik, Rhythmus, Phonematik, Syntax usw.) mit den Formen des *narrativen Inhalts*. Dadurch schaffen wir uns erste Voraussetzungen, um Strukturanalogien zwischen diesen beiden Ebenen zu erkennen. Mit Hilfe einer Textsegmentierung, welche die Beziehung der einzelnen Textabschnitte zueinander sowie den inneren Diskurszusammenhang verdeutlicht, soll anschließend versucht werden, noch tiefer in die Intentionalität des Textes einzudringen. Erst ganz am Schluß werden wir uns dann dem Fragenkomplex des *Aussageprozesses* und seiner verschiedenen Instanzen sowie dem damit eng verbundenen Auftreten der Ironie zuwenden.

Das Gedicht »Tabacaria« präsentiert sich uns als eine lange Folge von 167 freien Versen, die – anscheinend völlig willkürlich – auf 18 ungleich lange Strophen verteilt sind. Eine bestimmte Ordnung im Strophenaufbau läßt sich auf den ersten Blick nicht erkennen. Einzig der starke Kontrast zwischen langen und kurzen Einheiten fällt auf. Die beachtliche Länge von 39 Versen der sechsten Strophe etwa steht in Gegensatz zur lakonischen Kürze der aus nur vier Versen bestehenden Eröffnung, welche in den ebenfalls knapp gehaltenen Schlußstrophen (von 4, 6, ja nur 3 Versen) ihre formale Entsprechung findet. Die drei längsten Strophen befinden sich im Gedichtinnern, einerseits in der Mitte, auf Platz neun; anderseits am Ende des ersten und am Anfang des letzten Drittels. Die Schwerpunkte scheinen ungefähr gleichmäßig verteilt, und man erhält den Eindruck einer nicht ganz zufälligen Anordnung. Betrachten wir die Strophenlängen eingehender, so sehen wir, daß es an signifikanten Wiederholungen nicht fehlt. Bei der Auszählung der Verse in bezug auf die Strophenlänge ergibt sich dieses dreigliedrige Bild: 4–9–7–4–8–39; 8–7–17–7–13–6;

16–4–6–3–3–6. Dieses Schema zeigt zwar zunächst vor allem eine gewisse Unausgeglichenheit und Asymmetrie, doch veranschaulicht es auch den wogenähnlich pulsierenden Bewegungsablauf des Gedichts, in dem kräftige und schwächere Wellenstöße sich ablösen und gegen den Schluß hin, nach kurzen Brechungen, erschöpft auslaufen.

In seiner metrischen Mikroanalyse des Gedichts stellt der Brasilianer Carlos Filipe Moisés[9] eine analog verlaufende Unausgeglichenheit bei den Verslängen fest. Nach der in der portugiesischen Metrik üblichen Zählweise fallen bloß 70 der 167 Verse in den Bereich der traditionellen Verslängen (3–12 Silben), alle andern befinden sich darüber. Immerhin weist die Mehrzahl dieser letzteren die noch erträgliche Länge von 12–20 Silben auf und überschreitet so ein gewisses Maß nicht. Das Vorherrschen langer und längster Verse ist vielleicht weniger auffallend als der wiederum scharfe Gegensatz zwischen langen und kurzen Verseinheiten, ähnlich demjenigen, der die verschiedenen Strophen kennzeichnet. Den seltenen kurzen Versen kommt anscheinend ein besonderer Stellenwert zu. Sie sind Träger von Leitgedanken. Vers 1 (»Não sou nada«/»Ich bin nichts«) und Vers 25 (»Falhei em tudo«/»Ich habe in allem versagt«), im Portugiesischen beides Dreisilber, bringen einen wesentlichen Teil der *negativen* Aussage in konzentriertester Form zum Ausdruck.

Das eklatante Mißverhältnis zwischen Lang und Kurz erscheint als ausgeprägtes formales Merkmal des Gedichts. Dieselbe Ungleichheit bestimmt außer den Vers- und Strophenlängen auch die stark variierenden Syntagmen. Erst gegen den Schluß des Gedichts läßt die Disproportion etwas nach. In dem Maße, wie dort die metrischen Einheiten ausgeglichener werden, glätten sich auch die anfänglich so un-

---

[9] Carlos F. Moisés, *O poema e as máscaras,* Coimbra, Almedina, 1981, S. 37.

ruhigen Wogen des sprachlichen Duktus, der durch die Syntax bestimmt wird.

Wenn wir uns nun der *inhaltlichen Ebene* zuwenden, so finden wir auch hier Unausgeglichenheit. In der textbestimmenden Isotopie des gegensätzlichen Wortpaares »alles-nichts« (tudo/nada) wird ein Kontrast zwischen zwei Größen erkennbar, welche nicht nur verschieden, sondern unvereinbar und unvergleichbar sind. Das Nichts bei Pessoa dominiert so sehr, daß es alles zu verschlingen droht und jede auch nur denkbare Totalität schließlich zunichte macht. Schon eine erste Lektüre zeigt uns, daß die Antinomie »alles-nichts«, sowie deren vielfache Ableitungen, die die Aussage der Gedichte bestimmenden Wortfelder bilden. Das Lexem »nada« erscheint überdies im Reim, und zwar nicht nur am Anfang, sondern auch im Textinnern, wo es als Strophenabschluß oder als Ausklang syntaktischer Gruppen (Verse 13, 26, 62, 97, 129) dient.

Scheinbar in Opposition zum Lexem »nada« steht »tudo«, das die Idee der Totalität einführt, die wir in zahlreichen Ausdrücken (»alle Träume, all dies, die ganze Welt, alle Gedanken, die Karosse des Ganzen«) wiederfinden. Bezeichnenderweise werden aber diese Ganzheiten allesamt mit negativen Aussagen in Beziehung gebracht. Es gibt in »Tabacaria« nichts Vollständiges, nichts Absolutes, keine Erfüllung. In den gleichen Zusammenhang der »vollständigen Unvollständigkeit« gehört die Metapher des abgeschnittenen Eidechsenschwanzes (Vers 109), welcher eine Zeitlang allein weiterlebt, als wäre er ein Ganzes. Und so geht das Spiel der ungleichen Voraussetzungen weiter; erst gegen Schluß weicht die antinomische Spannung. In der Tat bleibt das Streben des Ichs nach Ganzheit und Erfüllung auf den ersten Teil des Gedichtes (Verse 1–129) beschränkt. Das Ich gibt schließlich auf, wenn es beim genüßlichen Rauchen die Befreiung von allen lästigen Gedanken erfährt, nachdem es resignierend erkannt hat, daß es in einem Universum ohne Ideale und Hoffnungen lebt.

Betrachten wir noch kurz die *phonematische Ebene,* die natürlich nur am Originaltext untersucht werden kann. Der helle Vokalismus des portugiesischen Wortes »nada« (nichts) hebt sich deutlich ab vom dunklen Klang des Signifikanten »tudo« (alles). Es fällt auf, daß dieses Helldunkel, die Opposition zwischen a-i und u-o, auf ganze Wortgruppen übergreift. Zu »tudo« etwa gehören: »todos os sonhos do mundo, tudo é sonho, todo o mundo«. Zu »nada«: »estrada de nada, partida apitada, na ida, deitado a vida«, usw. Der Signifikant »nada« erzeugt Assonanz mit andern, am Vers- oder Strophenende stehenden Lautkörpern (»nada, verdade, partida apitada; nada, na ida, deitado a vida«). Es ergeben sich außerdem Binnenreime oder Echowirkungen im selben Vers (»pela estrada de nada«), die alle den gleichen hellen Grundton weitertragen. Nur nebenbei sei gesagt, daß die hellen Vokale in dem für das Gedicht so bedeutungsvollen Satz »A máscara estava pegada à cara« oder gar im Titelwort »Tabacaria« dominieren, während der dunkle Klang in den ebenfalls bedeutungsschweren Worten »fumo, continuo fumando, dono« und noch im letzten Wort »sorriu« nachhallt. Es wäre allerdings unrichtig, unser Augenmerk nur auf den Vokalismus von »tudo/nada« zu richten, denn auch der Konsonantismus dieser an sich antithetischen Begriffe verdient Beachtung. »Tudo« und »nada« unterscheiden sich im Vokalismus, haben aber den Mitlaut »d« gemeinsam, was im Text mehrmals geschickt ausgenützt wird. Die Heftigkeit der begrifflichen Gegensätze – in Stellen wie »a carroça de *tudo* pela estrada de *nada*« oder »talvez *tudo* fosse *nada*« –, wo auch die Vokale kontrastieren, wird durch die Identität des Konsonantismus gemildert. Was begrifflich und lautlich als gegensätzlich erscheint, erweist sich bei genauerem Beobachten als nicht ganz unähnlich, weil der gemeinsame Konsonant einen Reimeffekt erzeugt. Unsere Theorie, gemäß der die Begriffe »alles« und »nichts« nicht einfach als Antinomie zu lesen sind, wird durch die Analyse der phonematischen Strukturen bestätigt. Das Nichts bei Pessoa verdrängt und verunmöglicht jede Totalität. So wie die Signifikanten »tudo/nada« zunächst gegensätzlich, dann aber doch nicht unähnlich erscheinen, so können auch die Signifikate »alles« und »nichts«, im Prinzip Antonyme, sich einander so stark nähern, daß sie zu Synonymen werden.

Innen- und Außenwelt stehen bei Campos in einem problematischen Verhältnis, so daß sich das Ich, selbst voll unerfüllter Wünsche, mit der es umgebenden Realität schlecht verträgt. Bald empfindet es deren Substanzlosigkeit als Leere, bald spricht es aus innerem Überschwang, doch auch dann verdeckt dieser nur eigene Unzulänglichkeit. Die Welt ist aus den Fugen, im Ungleichgewicht, und je mehr das Ich sie zu verstehen sucht, desto tiefer tappt es im dunkeln. Dies alles kommt bereits *in der ersten Strophe* des Gedichts zum Ausdruck, wo der Gegensatz zwischen »nichts sein« und »alle Träume der Welt haben« ins Auge fällt. Aber, so fragen wir uns, ist das überhaupt ein echter Gegensatz? Die beiden widersprüchlichen Aussagen können auf keinen gemeinsamen Nenner gebracht werden, denn ontisches Ungenügen wird durch Träume nicht behoben. Was sich zunächst wie eine dynamische, entwicklungsfähige Antithese anhört, erweist sich bald als ausweglicher Zustand. Wir stehen vor dem Rätsel der Existenz, an dessen Lösung der Denker Campos verzweifelt.

Die zwei sich nicht entsprechenden Aussagen werden durch den Ausdruck »abgesehen davon« syntaktisch miteinander verbunden, als ob das Ich von der ersten Negierung einfach absehen und wie folgt argumentieren könnte: Zwar bin ich nichts, aber *dafür* trage ich sämtliche Träume der

Welt in mir. In dieser fragwürdigen Satzverknüpfung, einem Scharnier zwischen nicht zusammenpassenden Teilen vergleichbar, offenbart sich erstmals die das Gedicht prägende Ironie. Aber welche Teile werden hier zusammengefügt? Wir erkennen zunächst – im Teil 1 – drei radikale Verneinungen, wobei die zweite die erste noch verschärft, da sie nach der Gegenwart auch die Zukunft verneint, indes die dritte – mit den Modalitäten »nicht sein können« und »nicht wollen können« – die Negierung auf die Spitze treibt, als wollte sie sagen: Ich bin nicht nur nichts, ich kann auch nicht einmal etwas sein wollen. In diesen drei Anfangsversen wird das Ich durch die Negativität der Aussagen völlig ausgehöhlt. Im zweiten Teil (Vers 4), wo wir die Kompensation erwarten, erweist sich die dem Ich zugestandene Vielheit (»alle Träume der Welt«) nicht als Fülle, sondern als relative, nichtige Größe.

Der zentrale Gedanke des Gedichts klingt also schon im Auftakt an. Auch erscheint hier schon ein – allerdings mit nur negativen Aussagen befrachtetes – metrisch-syntaktisches Crescendo, wie es später in den weit ausholenden Strophen wieder auftritt. Und schon hier herrscht Disproportion: auf das kraftlose Leisesprechen der ersten drei Verse – es sind 3-, 5- und 7-Silbler – folgt das mächtige Atemholen des letzten Verses, der aus 14 Silben – fast ebenso vielen wie die drei andern zusammen – besteht. Doch das numerische Gleichgewicht täuscht. Wir haben es hier nicht mit einem ausgeglichenen Periodieren zu tun, wo Hebung und Senkung sich harmonisch entsprechen. Syntaktisch und metrisch wirken die drei ersten Verse expansiv, rhythmisch betrachtet verläuft ihre Bewegung jedoch abfallend und diejenige des Schlußverses ansteigend. Der auf »tódos os sónhos do múndo« fallende Akzent schafft einen neuen, gegen die Peripherie hin verschobenen Schwerpunkt. Auf diese Weise findet das Auseinanderklaffen der Begriffe »alles-nichts« im Auseinanderstreben der Strophen- und Satzteile eine Entsprechung.

Dadurch, daß die Anfangsstrophe den zentralen Konflikt des Gedichtes vorwegnimmt, bildet sie eine mehrfache »Mise en abîme«. In ihr spiegelt sich *erstens* der narrative Inhalt des ersten Teils, in dem das Ich, ohne je den Zugang zum Sein zu finden, nur träumen kann, und *zweitens* die Disposition des ganzen Diskurses, die ebenfalls zwei nicht gut zusammenpassende Teile verbindet, nämlich A (Vers 1–129) und B (Vers 130–Schluß). Die Nichtübereinstimmung von I (Vers 1–3) und II (Vers 4) nimmt also jene grundlegende Diskordanz voraus, die zwischen A und B besteht und die im Bewußtsein des Helden nachklingt, wenn er, erst durch die Angst, im Nichts zu versinken, gelähmt, schließlich zur anscheinend beruhigenden Einsicht gelangt, alles Denken führe zu nichts, und sich der »glaubhaften Wirklichkeit« der Erscheinungen zuwendet, wodurch er zwar vom quälenden Zweifel erlöst wird, aber dennoch sein Gleichgewicht nicht wiedererlangt. Die Anfangsstrophe verweist also sowohl auf den Verlauf der erzählten Begebenheiten als auch auf die im Aussageprozeß implizierte Dissonanz zwischen A und B. Schließlich klingt im problematischen Verbindungswort »abgesehen davon« bereits jene ironische Grundhaltung an, die das entsprechende Ich zu Handlungen verleitet, mit denen sich das Textbewußtsein (»énonciateur«) nicht identifiziert.

Wir kommen nun zum Hauptteil unserer Analyse, zur Segmentierung des Textes. Bei dieser Segmentierung genügt es nicht, auf die Stropheneinteilung zu achten, denn wichtiger als diese ist für die Bedeutungsstruktur des Gedichts der Verlauf der narrativen Prozesse. Die Segmentierung darf also mit der metrischen Analyse nicht verwechselt werden. Diese gibt nicht unbedingt Aufschluß über die Tiefenstruktur des Gedichts, und in diesem Punkt gehen wir mit Carlos Filipe Moisés einig.[10] Um so erstaunlicher erscheint uns daher dessen analytisches Vorgehen, wenn er sich darauf beschränkt, Strophe um Strophe, ja Vers um Vers zu untersuchen, ohne ein Strukturmodell vorzulegen, das der Gliederung des Gesamttextes Rechnung trüge. Erst im Nachwort spricht Moisés von einer Spiral-Struktur, aber er tut dies auf eine so unpräzise Weise, daß uns gerade jene letzten Ausführungen wenig überzeugen.[11]

Die Gliederung des Gedichts »Tabakladen« ist geprägt durch den Kontrast zwischen zwei verschiedenen Haltungen des Ichs gegenüber der Welt. Narrativ gesprochen stellen wir eine *Transformation* des Subjekts und seiner Art, sich der Welt gegenüber zu verhalten, fest. In dem die Strophen 1–12 umfassenden Teil, den wir als A bezeichnen, liefert sich ein jeglichen Selbstvertrauens bares Ich wieder einmal seinen metaphysischen Spekulationen aus, indem es angstvoll nach dem Realitätsgehalt der Welt fragt, einer Welt, die ihm sinnlos und fremd, äußerlich real und innerlich voller Rätsel, erscheint. Unschlüssig, ob es an den vernichtenden Konsequenzen seines Denkens festhalten soll (was der Welt jede Beständigkeit nähme) oder ob es an den Wirklichkeitsgehalt der Welt glauben soll (was einem Verzicht auf das eigene Denken gleichkäme), erfährt das Ich zusehends seine eigene Insuffizienz und sein existentielles Scheitern. Dieses Ich ist aber auch Dichter. Sein letzter Versuch, im Dichten einen Halt zu finden, schlägt fehl, so daß ihm bloß die eine schreckliche Gewißheit bleibt, selber nichts zu sein und von den andern nie anerkannt zu werden.

---

[10] Ibid.
[11] Moisés verwendet zwar den Ausdruck ›Segment‹ zur Bezeichnung von Strophen- und Versgruppen (z. B. S. 87), seine Segmentierungskriterien werden aber im Text nie klar formuliert, weshalb uns der Gebrauch dieses Ausdrucks als beinahe willkürlich erscheint.

Im Teil B hingegen (Strophen 13–18) ist das Ich versucht, die Umwelt, so wie sie sich seinem Auge anbietet, zu akzeptieren. Es starrt gebannt auf die stets belebte Straße, auf der das Leben vorüberzieht, und auf den Tabakladen gegenüber, wo Kunden kommen und gehen, und fragt sich, ob es diesen zwar unvollkommenen und banalen Alltag nicht doch bejahen soll, um so mehr als ihm aus diesem Glaubensakt vielleicht auch Annehmlichkeiten erwüchsen. Seine Aufmerksamkeit gilt von nun an vermehrt der Außenwelt. Infolge der Begebenheiten, die sich vor seinen Augen ereignen und neue Personen ins Spiel bringen (im V. 130 taucht der Besitzer des Tabakladens auf und im V. 146 erscheint Stephan, ein Kunde) bahnt sich hier endlich eine Art Kommunikation zwischen dem Ich und der Welt an, denn unter dem wohlgefälligen Blick des Tabakladenbesitzers winken sich Stephan und der Held zu, so daß am Schluß beinahe der Eindruck entsteht, die Welt sei wieder in Ordnung.

Diese Transformation des Ichs veranlaßt uns, das Gedicht grundsätzlich in A (V. 1–129) und B (V. 130–Schluß) zu unterteilen. Weitere Kriterien können diese Segmentierung rechtfertigen. Erstens erscheinen in B neue *handelnde Personen* (in A werden nur zwei Phantasiegebilde, die Muse und das schokoladesüchtige Mädchen, erwähnt), und es ereignen sich jetzt *Begebenheiten,* die das Ich mit wachsender Teilnahme verfolgt, indem es die von außen eindringenden Signale mit eigenen inneren Reflexionen ergänzt. Zweitens ändert sich die *Einstellung des Ichs* gegenüber der *Welt.* Noch von einer weiteren Veränderung zwischen A und B muß gesprochen werden. Anfänglich gelingt es dem Ich nicht, sich als Subjekt zu sehen, weil ihm ein Sender (»Destinateur«), d. h. eine höhere Bestimmung fehlt. (In A erscheinen zwar die Begriffe »Schicksal« und »Gestirne«, doch das Schicksal »lenkt die Karosse des Ganzen über die Straße des Nichts« und ist daher keine bestimmende Kraft, und was die weit entfernten Sterne betrifft, so sind wir, ohne sie zu kennen, »ihre Sklaven«.) In der nun akzeptierten Welt der bloßen Erscheinungen, also im Teil B, gibt es hingegen einen »*Destinateur*«*:* es ist niemand anderer als der Besitzer des Tabakladens selbst, der Rauch und Träume verkauft. Sein Name (»Dono«) wird übrigens, wie »Destino« (Schicksal), immer mit einem großen D geschrieben. Er ist der träumeanbietende Dominus Deus dieses flüchtigen Daseins, dessen vertrautem Charme das Ich nicht länger widersteht. Zusammenfassend können wir folglich nicht nur eine Verwandlung des Subjekts und seiner narrativen Programme feststellen; es ändert sich auch, um es mit Greimas zu sagen, die Beziehung des Subjekts zu seinem »Destinateur«[12].

Im Teil B, dessen Aussage durch drei Ereignisse skandiert wird (im Vers 130 erscheint der Besitzer des Tabakgeschäftes unter der Tür; im Vers 146 tritt der Kunde in seinen Laden, und im V. 162 kommt er wieder heraus), können wir drei Segmente unterscheiden, und eine analoge Dreiteilung ergibt sich im Teil A. Dort sind es jedoch nicht die Ereignisse, die eine solche Unterteilung erlauben, denn anstatt von Ereignissen zu hören, vernehmen wir nur den Monolog des Ichs, das – in seinem Zimmer und im Kerker des eigenen Bewußtseins gefangen – wild vor sich hin räsonniert. Doch auch dieser lange Monolog läßt sich leicht in drei Teilsegmente gliedern. Als Markierungszeichen dienen uns hier die Raum-Zeit-Koordinaten, welche sich auf die Hin- und Herbewegungen des Ichs beziehen, das am Anfang vor dem Fenster steht, dann sitzend in seinem Stuhl weitermeditiert, bis es im Vers 98 wieder ans Fenster tritt und – mit dem gleichen enttäuschenden Ergebnis von vorhin – hinausschaut. Anders gesagt: weil es den Kontakt mit der Außenwelt nicht findet, spricht das Ich zuerst mit dem

[12] Vgl. Greimas/Courtès, op. cit., Anmerkung 8.

Fenster und zieht sich dann ins Innere des Raumes (bzw. seiner Innenwelt) zurück (Vers 32: »Ich gehe vom Fenster weg und setze mich auf einen Stuhl«); diese Bühnenanweisung leitet den langen zentralen Monolog ein, der bis zum Vers 98 dauert, wo das Ich, wieder zum Fenster rückend, eine Aussage macht, die die Ausgangslage zu reproduzieren scheint (Vers 99: »Ich trete ans Fenster und sehe die Straße in völliger Klarheit«). Doch nichts wiederholt sich in diesem Gedicht, denn die Strukturierung der Segmente ist keine sukzessive, vage aufeinanderfolgende, sondern eine dramatisch gesteigerte, kumulierende, die einen hierarchischen Aufbau voraussetzt. Das bedeutet, daß sowohl in A als auch in B jeweils das dritte Segment die Inhalte der beiden vorhergehenden summiert, wie aus dem folgenden Schema hervorgeht:

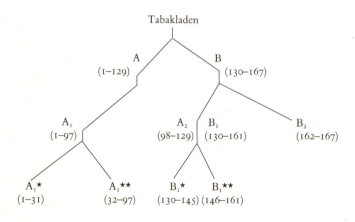

Konkret gesprochen handelt das Teilsegment A1* von der unmöglichen Kommunikation zwischen dem Ich und der vergänglichen, substanzlosen Welt (Strophe 2), von dessen momentaner Krise (Str. 3 und 4) und der Geschichte dieser Krise, die aus lauter Mißerfolgen bestand (Str. 5). Im Subsegment A 1** (Verse 32–97), wo sich die Introspektive öffnet, gibt sich das Ich Rechenschaft über die Nichtigkeit seiner Projekte und Vorsätze, die alle scheiterten, weil es, ohne Glauben an sich, selber nicht daran glauben und sie daher auch nie verwirklichen konnte (Str. 6). Die nun folgende Figur des schokoladeessenden Mädchens bedeutet nichts anderes als die verabscheuungswürdige Haltung dessen, der an die physische Präsenz dieser Welt gebunden bleibt und sich mit ihrer klebrigen Süßigkeit vollstopft, ohne je satt zu werden (Str. 7). In der nächsten Strophe wird die Unmöglichkeit, wenigstens in der Dichtung einen Ausweg zu finden, bestätigt (Str. 8). Die Anspielung auf die tröstende Muse, die ebenfalls keine Rettung bietet, muß mit der vorher erfolgten Erwähnung der kleinen Naschsüchtigen in Beziehung gebracht werden, denn die beiden Frauengestalten sind einander antithetisch zugeordnet. Das zeigt sich auch im Schriftbild des Textes: auf der syntaktischen Ebene finden wir jedesmal eine Klammer und die anaphorische Struktur. In bezug auf den Aussageprozeß fungieren beide Figuren zudem als Gesprächspartner (»Narrataire«) des Erzähl-Ichs, doch ihre Bedeutung (»an der Wirklichkeit der Welt teilzuhaben« bzw. »nicht wirklich zu sein«) ist grundlegend verschieden: die Muse, gerade weil sie unwirklich ist, wird dem genußsüchtigen, weltgläubigen Mädchen vorgezogen. Mit der Invokation an die »Tröstliche, die nicht vorhanden ist«, schließt dieses zweite Teilsegment.

Das Segment A 2 nun (Verse 98–129) nimmt alle diese Aussagen teils summarisch, teils explizit und wörtlich wieder auf, um sie in einer fulminanten Negierung der ganzen Existenz gipfeln zu lassen. Man beachte, daß sowohl A 1 (dessen letzter Vers »invoco a mim mesmo e não encontro *nada*«) als auch A 2 (»um capacho que os ciganos roubaram e não valia *nada*«) mit demselben Wort »nada« (nichts) enden, was einen weiteren Beweis für die Äquivalenz der Segmente darstellt. In A2 finden wir demnach eine Zusammenfassung des vorher Erwähnten: Unmöglichkeit einer Kommunikation mit der fremden Welt (Str. 9); Existenzkrise, sowohl jetzt wie auch früher, ja völliger Verlust der eigenen Identität (Str. 10 und 11); Mißerfolg auch der dichterischen Erfahrung, da nicht einmal die »Essenz der von uns erschaffenen Verse uns selbst gehört« (Str. 12). Auch die metapoetische Reflexion wird wieder aufgenommen: »Musik meiner müßigen Verse / was gäbe ich drum, dich zu finden als etwas von mir Erschaffenes...« Wenn also Campos gewisse Gedanken mehrmals äußert, so tut er dies nicht aus Nachlässigkeit, sondern ganz im Gegenteil, weil das ihn lenkende Text-Ich bewußt vorgeht und seine Gedanken organisch weiterentwickelt. »Tabacaria« erweist sich als ein Gedicht, das nur beim ersten Lesen zufällig erscheint, in Wirklichkeit aber durchkomponiert ist.

Im Teil B stellen wir ein analoges Kompositionsprinzip fest, denn B2 zeigt uns eine zweifache Beziehung, diejenige des Ichs zum Tabakladenbesitzer und jene andere, die sich zwischen ihm und Stephan, dem Kunden, ergibt, während B1* nur von der ersten, B1** nur von der zweiten Beziehung handelt. Man lese die einzelnen Teile im Gedicht nach und vergleiche ihre jeweiligen Aussagen.

Eine Textsegmentierung ist aber nur dann sinnvoll, wenn wir nach der Unterscheidung der Teile diese auch zueinander in Beziehung setzen und sie einander gegenüberstellen, damit die den Text bestimmenden Bedeutungsstrukturen klar in Erscheinung treten und erfaßt werden können. Auf diese Weise müßten wir nun die einzelnen, sich entsprechenden Teilsegmente des Gedichts »Tabakladen« miteinander vergleichen, etwa A1 mit B1, A2 mit B2, aber auch A1* mit B1* usw. Ein solches Vorgehen brauchte aber viel

Geduld und vor allem Zeit, über die wir hier nicht unbeschränkt verfügen. Begnügen wir uns daher mit den allerwichtigsten Ergebnissen, die ein solcher Vergleich der Teilsegmente liefert.

Das erste Teilsegment A 1* deckt den inneren Konflikt des Ichs auf, das sich bald der Welt öffnen, dann wieder sich von ihr abschließen möchte, ohne aus diesem zermürbenden Wechselspiel herauszufinden und – vor allem – ohne eine Kommunikation zwischen Innen und Außen zu erlangen. In B 1*, ganz im Gegenteil, erfolgt nun der erste Kontakt mit der Außenwelt, dadurch, daß das Ich sich selbst und seine eigene Not mit der Situation des Tabakladenbesitzers vergleicht und einige – vorerst negative – Gemeinsamkeiten herausfindet. Der Unwirklichkeitscharakter der Welt, die in A 1* als Straße des Vorübergehens erscheint, verstärkt sich noch in B 1*, wo bereits der Untergang dieser Welt heraufbeschworen wird. So wie das Schild am Laden gegenüber verblassen wird, so wird auch die Sprache, in der es geschrieben ist, einmal verstummen. »Später stirbt dann der kreisende Planet, auf dem sich all dies zutrug. / Auf andern Satelliten anderer Sternsysteme werden menschenähnliche Wesen / fortfahren, solche Dinge wie Verse zu machen und unter Dingen wie Ladenschildern zu leben...« usw. Es wird hier die Relativität alles Existierenden offenbar. Doch, wie hinfällig die Existenz auch sein mag, es entsteht jetzt eine Art auf dem Negativen basierende Solidarität zwischen dem Tabakhändler, der sein Aushängeschild hinterläßt, und dem Dichter, dessen Verse zurückbleiben. Man beachte im Text die syntaktischen Parallelen: »Er wird sterben, und ich werde sterben. / Er wird das Ladenschild hinterlassen, und ich hinterlasse Verse.« Meine eigene Welt, sagt sich das Ich, ist so nichtig wie diejenige des Tabakverkäufers, und meine sublimen, in Verse gefaßten Gedanken werden dahinschwinden wie Rauch und Nebel. Dank dieser doppelten

Abwertung entsteht – statt des Kontrastes – eine gemeinsame Basis zwischen der Innen- und der Außenwelt, mit der nun doch der Kontakt aufgenommen wird.

Auch die Segmente A2 und B2 erlauben einen Vergleich. Am Ende des ersten Teils erreicht die Krise des Ichs ihren Höhepunkt: »Ich sehe die Läden, die Bürgersteige, vorüberfahrende Wagen, / ich seh die lebendigen und bekleideten Wesen, die aneinander vorübergehen / ich sehe die Hunde, die ebenfalls leben, / und all dies lastet auf mir wie ein Bann, / und all dies ist Fremde.« Gleichzeitig spitzt sich die Krise im Bewußtsein des Ichs zu, das an der eigenen Identität zweifelt und anstelle seines Gesichts nur eine Maske vorfindet. Nicht nur die Außenwelt ist substanzlos und vom Nichts bedroht, auch innen erscheint alles leer, und die Existenz gleicht einer »Fußmatte, die die Zigeuner stahlen und die nichts mehr taugte«. Der totalen Identitätskrise in A2 entspricht in B2 ein Akt des Wiedererkennens, denn hier winkt Stephan dem Ich freundlich zu, während der Besitzer des Tabakladens wohlwollend zuschaut und lächelt.

Wenn wir nun auch noch die Subsegmente A1** und B1** einander gegenüberstellen, so sehen wir, daß dem *Meditieren* des Helden, der sich vom Fenster der Welt ins Innere seines Bewußtseins zurückgezogen hat, das genießerische *Rauchen* im Teil B entspricht. Beide Mal handelt es sich um eine Kommunikation des Ichs mit sich selbst.[13] Doch ist der Unterschied zwischen beiden Tätigkeiten hervorzuheben: hier das selbstquälerische Denken, das sich wie eine Barriere zwischen dem Bewußtsein und der Außenwelt aufwirft, dort das genüßliche Vor-sich-hin-Rauchen desjenigen, der sich wie alle andern benimmt, wodurch er sich ihnen angleicht. Beim Rauchen kann man zudem träumen,

---

[13] Vgl. hierzu: A. Tabucchi, *Pessoa mínima*, Lousã, Imprensa nacional – Casa da Moeda, 1984, S. 69.

und auch das schützt vor qualvollen Erkenntnissen. Eine andere Parallele erscheint uns noch bedeutungsvoll: In A1** war von zwei Frauengestalten, der kleinen Naschsüchtigen und der Muse, die Rede. Wir wir schon sagten, sind diese beiden Figuren gegensätzlicher Natur, da die eine die Weltsucht, die andere die Weltflucht verkörpert, weil sie, selbst unwirklich, nur als Phantasiegebilde denkbar ist. Der »schmutzigen Kleinen«, die endlos Süßigkeiten begehrt, entspräche wohl im Segment B1** die »Tochter meiner Waschfrau«, mit der das Ich, einmal verheiratet, vielleicht glücklich sein könnte, denn Liebe bedeutet, der Welt teilhaftig zu werden und an deren Wahrheit zu glauben. Allerdings suchen wir im Teil B umsonst nach einer Figur, die der Muse gleichkäme, oder wäre etwa die Ehefrau zugleich auch Muse? Bei genauerer Überlegung kann es in B keine Muse mehr geben, weil hier Lebensgefühl und Poesie nicht mehr übereinstimmen. Der Weltschmerz, der im ersten Teil nach dem Trost der Muse verlangte, schwindet im zweiten Teil, um einem anderen, unproblematischen Lebensgefühl Platz zu machen, das keiner Poesie mehr bedarf. Damit aber ginge auch jede Entsprechung zwischen Wort und Empfindung verloren.

Diese Entsprechung war ursprünglich gefordert worden. Im Teil A stimmte anfangs die poetische Aussage mit dem Seelenzustand des Ichs noch überein, denn der Vers 80 lautete: »Wenigstens aber bleibt von der Bitternis dessen, was ich nie sein werde, / die hastige Schönschrift dieser Verse.« Schon gegen Ende des ersten Teils ist aber eine gewisse Diskrepanz zwischen dem sublimen Ausdruck und der elenden Lage des Sprechenden spürbar, denn im Vers 124, am Ende von A, heißt es: »Und ich schreibe diese Geschichte, um zu beweisen, daß ich erhaben bin«, nachdem das Ich alles andere als erhaben dargestellt wurde. Sublimer Sprechton und Existenznot klaffen schließlich ganz auseinander, denn wo Subjekte weniger als Hunde, elender als Bettler sind, kann es keinen erhabenen Stil mehr geben, und wo das Ich seine Identität verliert, geht es aller Rechte über seine eigene Aussage verlustig. Dieser Bruch vollzieht sich am Ende des ersten Teils. In B nun wird die Dissonanz offenkundig, denn das Ich entwickelt sich in einer Weise, der das erhabene Sprechen nicht mehr gerecht wird. Das Fehlen einer Entsprechung ist hier total: »Ich richte mich auf, energisch und überzeugt und menschlich, / und ich will versuchen, diese Verse zu schreiben, in denen ich *das Gegenteil sage* . . .«, womit die Ironie der Aussage bestätigt wird.

Der Schluß des Gedichts ist durch eine doppelte Ironie gekennzeichnet, denn nur wenn das Ich auf seinen früheren Anspruch auf Ganzheit verzichtet, kann es die Welt als erträgliche und in gewisser Weise sinnvolle Welt erfahren. Das beinhaltet freilich einen Widerspruch, den zu verbergen das Erzähl-Ich sich auch gar nicht bemüht. Das Glück würde ihm endlich lächeln, wenn es zugäbe, daß die Welt unvollkommen ist und deren Wahrheit nicht gefunden werden kann. So viel läßt das schreibende Ich des Álvaro de Campos durchblicken, wenn es sich – bald aufrichtig, bald ungläubig – bei seiner Verwandlung zusieht. Aber der Leser des Gedichts spürt, daß das Ich gerade dort, wo es seinen Sinneswandel rechtfertigt, mit der das Gedicht strukturierenden Instanz, dem »Enonciateur«, nicht mehr einiggeht und daß die Konklusionen des einen nicht mehr unbedingt diejenigen des andern sind. Was das selber zur Unvollständigkeit verurteilte Heteronym Álvaro de Campos vielleicht akzeptieren kann, nämlich die Unvollkommenheit der Welt, das gilt nicht für die das Gedicht organisierende Intelligenz und schon gar nicht für Fernando Pessoa, der sich die vielen Heteronyme schuf, weil er es nicht ertrug, nur Teil seiner selbst zu sein.

# Inhalt

*Georg Rudolf Lind:*
Fernando Pessoa – der vervielfachte Dichter   5

Abbildungen   31

Kleine Anthologie
aus dem Werk von Fernando Pessoa   51
Alberto Caeiro   53
Ricardo Reis   61
Álvaro de Campos   65
Fernando Pessoa   75

*Octavio Paz:*
Fernando Pessoa – Der sich selbst Unbekannte   85

*Peter Hamm:*
Sieger im Scheitern –
Fernando Pessoa und Robert Walser,
zwei entfernte Verwandte   117

*Álvaro de Campos:*
Tabacaria – Tabakladen   142

*Georges Güntert:*
Das Gedicht »Tabakladen«. Eine Analyse   159

Fernando Pessoa

*Alberto Caeiro / Dichtungen*
*Ricardo Reis / Oden*
Portugiesisch und Deutsch. Band 9132

*»Algebra der Geheimnisse«*
Ein Lesebuch
Mit Beiträgen von Georg Rudolf Lind,
Octavio Paz, Peter Hamm und Georges Güntert
Mit zahlreichen Abbildungen
Band 9133

*Álvaro de Campos*
*Poesias / Dichtungen*
Portugiesisch und Deutsch. Band 10693

*Ein anarchistischer Bankier*
Band 10306

*Esoterische Gedichte/*
*Mensagem / Englische Gedichte*
Portugiesisch, Englisch und Deutsch. Band 12182

*Das Buch der Unruhe*
*des Hilfsbuchhalters Bernardo Soares*
Band 9131

*Dokumente zur Person und ausgewählte Briefe*
Band 11147

Fischer Taschenbuch Verlag

*Borges lesen*

Mit Beiträgen von
Jorge Luis Borges, Fritz Rudolf Fries, Octavio Paz,
Marguerite Yourcenar und Gisbert Haefs

Band 11009

Diese Einführung in das Werk von Jorge Luis Borges enthält vier Essays, die aus verschiedenen Perspektiven und mit unterschiedlichen Ansätzen die Leistung und die Bedeutung von Jorge Luis Borges umreißen. Octavio Paz skizziert Borges' großen Einfluß auf die spanischsprachige Literatur. Fritz Rudolf Fries versucht, eine literarisch-biographische Gesamtdarstellung von Leben und Werk zu geben. Marguerite Yourcenar befaßt sich mit besonderen Formen der Wahrnehmung von Realität und ihrem Ausdruck vor allem auch in Borges' Lyrik. Der Band beginnt mit einem autobiographischen Essay von Borges selbst und endet mit einer Chronik zu dessen Leben und Werk sowie dem Editionsplan der Werkausgabe.

Fischer Taschenbuch Verlag

# Jorge Luis Borges
## Werke in 20 Bänden

Herausgegeben von
Gisbert Haefs und Fritz Arnold

Als Textgrundlage dienen die Gesamtausgaben *Obras completas* (1974/1989) und *Obras completas en colaboración* (1979) sowie später veröffentlichte Einzelbände. Alle Texte sind vollständig und werden in der von Borges zuletzt bestimmten Fassung wiedergegeben. Die bisher vorliegenden Übersetzungen wurden von Gisbert Haefs revidiert bzw. ergänzt, bisher auf Deutsch unveröffentlichte Texte neu übersetzt. Die Gedichtbände sind zweisprachig. Jeder Band enthält ein editorisches Nachwort und Anmerkungen.

### *Mond gegenüber*
Gedichte 1923 - 1929
*Fervor de Buenos Aires* / Buenos Aires mit Inbrunst
*Luna de enfrente* / Mond gegenüber
*Cuaderno San Martín* / Notizheft San Martín
Band 10577

### *Kabbala und Tango*
Essays 1930 - 1932
*Evaristo Carriego* / Evaristo Carriego
*Discusión* / Diskussionen
Band 10578

### *Niedertracht und Ewigkeit*
Erzählungen und Essays 1935 - 1936
*Historia universal de la infamia* /
Universalgeschichte der Niedertracht
*Historia de la eternidad* / Geschichte der Ewigkeit
Band 10579

Jorge Luis Borge · Werke in 20 Bänden

*Von Büchern und Autoren*
Rezensionen 1936 - 1939
*Textos Cautivos*
Band 10580

*Fiktionen*
Erzählungen 1939 - 1944
*Ficciones*
Band 10581

*Das Aleph*
Erzählungen 1944 - 1952
*El Aleph*
Band 10582

*Inquisitionen*
Essays 1941 - 1952
*Otras Inquisiciones*; früherer Titel ›Befragungen‹
Band 10583

*Einhorn, Sphinx und Salamander*
(mit Margarita Guerrero)
*Manual de zoología fantástica / Libro de los seres imaginarios/*
Das Buch der imaginären Wesen
Band 10584

*Borges und ich*
Gedichte und Prosa 1960
*El Hacedor*
Band 10585

*Die zyklische Nacht*
Gedichte 1914 - 1965
*El otro, el mismo* / Der Andere, der Selbe
*Para las seis cuerdas* / Für die sechs Saiten
Band 10586

fi 1599 / 9 b

Jorge Luis Borges · Werke in 20 Bänden

### Das Buch von Himmel und Hölle
(mit Adolfo Bioy Casares)
Anthologie 1960
*El libro del cielo y del infierno*
Band 10587

### Schatten und Tiger
Gedichte 1966 - 1972
*Elogio de la sombra* / Lob des Schattens
*El oro de los tigres* / Das Gold der Tiger
Band 10588

### Spiegel und Maske
Erzählungen 1970 - 1983
*El informe de Brodie* / David Brodies Bericht
*El libro de arena* / Das Sandbuch
*La memoria de Shakespeare* / Shakespeares Gedächtnis
Band 10589

### Rose und Münze
Gedichte 1973 - 1977
*La rosa profunda* / Die tiefe Rose
*La moneda de hierro* / Die eiserne Münze
*Historia de la noche* / Geschichte der Nacht
Band 10590

### Buch der Träume
(mit Roy Bartholomew)
Anthologie 1976
*El libro de los sueños*
Band 10591

Jorge Luis Borges · Werke in 20 Bänden

***Die letzte Reise des Odysseus***
Vorträge und Essays 1978 - 1982
*Borges, oral* / Borges, mündlich · *Siete noches* / Sieben Nächte
*Nueve ensayos dantescos* / Neun danteske Essays
Band 10592

***Besitz des Gestern***
Gedichte 1981 - 1985
*La cifra* / Die Ziffer
*Los conjurados* / Die Verschworenen
Band 10593

***Persönliche Bibliothek***
Vorworte 1975 - 1985
*Prólogos* / Vorworte
*Biblioteca personal* / Persönliche Bibliothek
Band 10594

***Mord nach Modell***
(mit Adolfo Bioy Casares)
Erzählungen 1942 - 1946
*Seis problemas para don Isidro Parodi* /
Sechs Aufgaben für Don Isidro Parodi
*Dos fantasías memorables* / Zwei denkwürdige Phantasien
*Un modelo para la muerte* / Ein Modell für den Tod
Band 10595

***Zwielicht und Pomp***
(mit Adolfo Bioy Casares)
Erzählungen 1967 - 1977
*Crónicas de Bustos Domecq* / Chroniken von Bustos Domecq
*Nuevos cuentos de Bustos Domecq* /
Neue Geschichten von Bustos Domecq
Band 10596

Fischer Taschenbuch Verlag

fi 1599 / 7 d

# Ossip Mandelstam

*Das Rauschen der Zeit*
Gesammelte »autobiographische« Prosa der 20er Jahre
Herausgegeben und übersetzt von Ralph Dutli. Band 9183

*Mitternacht in Moskau*
Die Moskauer Hefte
Gedichte 1930 - 1934. Russisch und Deutsch
Herausgegeben und übersetzt von Ralph Dutli. Band 9184

*Gedichte*
Aus dem Russischen übertragen von Paul Celan
Band 5312

*Über den Gesprächspartner*
Gesammelte Essays I
1913 - 1924
Herausgegeben und übersetzt von Ralph Dutli
Band 11862

*Gespräch über Dante*
Gesammelte Essays II
1925 - 1935
Herausgegeben und übersetzt von Ralph Dutli
Band 11863

*Im Luftgrab*
Ein Lesebuch
Herausgegeben von Ralph Dutli
Mit Beiträgen von Paul Celan, Joseph Brodsky,
Pier Paolo Pasolini und Philippe Jaccottet
Band 9187

**Fischer Taschenbuch Verlag**

# Elias Canetti
# Werke

Dreizehn Bände und ein Begleitband
Band 13050

*Die Kassette wird nur geschlossen abgegeben.
Sie enthält das kostenlose Beiheft ›Wortmasken.Texte zu
Leben und Werk von Elias Canetti‹.*

Band 1:
**Das Augenspiel**
Lebensgeschichte 1931-1937

Band 2:
**Die Blendung**
Roman

Band 3:
**Dramen**
Hochzeit/
Komödie der Eitelkeit/
Die Befristeten

Band 4:
**Die Fackel im Ohr**
Lebensgeschichte 1921-1931

Band 5:
**Die Fliegenpein**
Aufzeichnungen

Band 6:
**Das Geheimherz der Uhr**
Aufzeichnungen 1973-1985

Band 7:
**Die gerettete Zunge**
Geschichte einer Jugend

Band 8:
**Das Gewissen der Worte**
Essays

Band 9:
**Masse und Macht**

Band 10:
**Nachträge aus Hampstead**
Aufzeichnungen

Band 11:
**Der Ohrenzeuge**
Fünfzig Charaktere

Band 12:
**Die Provinz des Menschen**
Aufzeichnungen 1942-1972

Band 13:
**Die Stimmen
von Marrakesch**
Aufzeichnungen
nach einer Reise

Begleitband:
**Wortmasken**
Texte zu Leben und Werk
von Elias Canetti

Fischer Taschenbuch Verlag

# Heinrich Mann
## Studienausgabe in Einzelbänden
### Herausgegeben von Peter-Paul Schneider

*Der Atem*
Roman. Band 5937

*Die Armen*
Roman. Band 12432

*Empfang bei der Welt*
Roman. Band 5930

*Ein ernstes Leben*
Roman. Band 5932

*Es kommt der Tag*
Essays. Band 10922

*Flöten und Dolche*
Novellen. Band 5931

*Die Göttinnen*
*Die drei Romane*
*der Herzogin von Assy*
*I. Band: Diana*
Band 5925
*II. Band: Minerva*
Band 5926
*III. Band: Venus*
Band 5927

*Der Haß*
Deutsche Zeitgeschichte
Band 5924

*Im Schlaraffenland*
Ein Roman
unter feinen Leuten
Band 5928

*Die Jagd nach Liebe*
Roman. Band 5923

*Die Jugend des*
*Königs Henri Quatre*
Roman. Band 10118

*Die Vollendung des*
*Königs Henri Quatre*
Roman. Band 10119

*Die kleine Stadt*
Roman. Band 5921

*Der Kopf*
Roman. Band 12731

*Macht und Mensch*
Essays. Band 5933

*Mut*
Essays. Band 5938

*Professor Unrat oder*
*Das Ende eines Tyrannen*
Roman. Band 5934

*Sieben Jahre*
Chronik der Gedanken
und Vorgänge
Essays. Band 11657

*Stürmische Morgen*
Novellen. Band 5936

*Der Untertan*
Roman. Band 10168

*Ein Zeitalter*
*wird besichtigt*
Band 5929

*Zwischen den Rassen*
Roman. Band 5922

**Fischer Taschenbuch Verlag**

NOCH ETWAS MUSS ICH SAGEN, DER WAHRHEIT DIE EHRE: NIE SAH ICH EINEN MANN EINE FRAU SO LIEBEN UND DIESE LIEBE VERSTECKEN, ALS OB SIE EINE SÜNDE ODER STRAFE GOTTES SEI  MARIA ALICE BARROSO  SAG MIR SEINEN NAMEN UND ICH TÖTE IHN  EINE BRASILIANISCHE SAGA  AMMANN VERLAG  AUS DEM BRASILIANISCHEN PORTUGIESISCH VON GEORG RUDOLF LIND  480 SEITEN · SCHÖN GEBUNDEN FR 42,-/DM 44,- ISBN 3-250-10063-3